Ely Riva

valli dimenticate

Die vergessenen tessiner Täler

**Wohin Hunger
die Menschen trieb**

Das ganze Konzept und die ganze Ausführung
dieses Buches wurde durch Salvioni arti grafiche
in Bellinzona erarbeitet

Deutsche Übersetzung: Eva Mazza Muschietti
Übersetzungsabteilung, Banca del Gottardo, Lugano

Gedruckt im November 1997

ISBN: 88-7967-022-0
© 1997 - Alle Rechte Vorbehalten

Inhaltsverzeichnis

8	Val Cadlimo
20	Val Piei (Seen von Port)
32	See von Cardedo
46	Valle di Cresciano
60	Valle Cusella
72	Valle della Porta
86	Val d'Iragna
98	Val Marcri
110	Val d'Efra
122	Valle del Salto (Maggia)
136	Valle di Lodano
148	Valle di Arnau
160	Bedu (Val Bavona)
170	Valle Cocco
182	Val Piana

Wenn wir den gesamten Kanton Tessin, seine Berge und Täler mit einem einzigen Blick erfassen könnten, wären wir von der Vielfalt dieser Gegend beeindruckt. Wir sähen trutzige Gipfel mit mächtigen Gletschern, zerklüftete Kämme und spitze Nadeln, Erdrutsche und Lawinen, steile Schluchten, Wildbäche und Wasserfälle, abgelegene Hütten und natürliche Unterschlüpfe, Wiesen und Wälder, Seen, zwischen Felsen eingekeilt oder von Lärchen umgeben... Wir sähen vergessene Täler, wo die Tier- und Pflanzenwelt ihr verlorengegangenes Reich zurückerobert, sich erneuert und weiterentwickelt – und das fernab vom zudringlichen Auge des Menschen.

Doch angetrieben von einer gesunden Portion Neugierde, bestärkt durch eine gute Kondition und bewaffnet mit einer geeigneten Landkarte, könnten wir kaum angedeutete Wege beschreiten, die in die Wildnis führen oder sich im Nichts verlieren, und unterwegs Murmeltieren, Rehen und Steinböcken begegnen, farbenprächtige Schmetterlinge oder schimmernde Käfer beobachten, zu brennesselüberwucherten, baufälligen Hütten gelangen... Eine Entdeckungsreise in ein abgelegenes, vergessenes, vom Massentourismus verschontes Tal schenkt dem Wanderer ein bleibendes Hochgefühl.

Mit diesem Buch möchte ich den Leser zum Entdecken anregen, ohne ihm vorgegebene Wanderwege und -hinweise aufzuzwingen.

Ich erinnere mich an einen Alphirten vor vielen Jahren, der mit ausserordentlicher Geschicklichkeit in wenig mehr als einem Monat eine kleine Hütte erbaut hat. «Seine Hände waren lang, klobig, knotig unter der rauhen Haut. Das Verrücken, das Drehen und Wenden, das Bearbeiten grosser Felsbrocken hatte in ihm das erste Werkzeug des Menschen entwickelt und gestählt: die Hand.» Lamartines Beschreibung eines Steinmetzes trifft auch auf meinen Alphirten zu.

Zielsicher wählte er den richtigen Stein, betrachtete ihn von allen Seiten, liebkoste ihn schier, bevor er mit einigen präzisen Hammerschlägen hier eine Ecke abschlug, dort eine Kante verstärkte. Dann plazierte er das kleine Kunstwerk auf den anderen, bereits aufgeschichteten Steinen.

Dieselben Handgriffe, dieselbe instinktive Geschicklichkeit zeichnete auch die Erbauer der romanischen und gotischen Kathedralen vor fast tausend Jahren aus.

Einmal stand ich auf dem Dach des Mailänder Domes zwischen den Fialen, die der Erdanziehung trotzen, und es war mir als stünde ich in einem Tal, von unbezwingbaren Felsen umringt. Da kamen mir die Worte des Schriftstellers Vittorio Messori in den Sinn: «Ich vermute seit jeher, dass es nicht so sehr zählt, die Welt zu sehen, sondern sie zu kennen; und dazu braucht einen nicht die Reisewut zu packen. Es genügt zum Beispiel, sich in dieses Vogelnest zu setzen: Von hier aus kannst du alles sehen, ohne selbst gesehen zu werden. Du brauchst nicht von einem Flughafen zum anderen zu hetzen, um «Menschen» zu treffen; sie kommen selbst zu dir, herbeigelockt von den Millionen unbekannter Hände, die Tag für Tag diesen Berg aus Marmor im Herzen der Po-Ebene errichtet haben».

Da habe ich verstanden, dass man sich auch beim Betrachten eines Buches inmitten eines vergessenen Tales wiederfinden kann!

Val Cadlimo

Vergiss seiner nicht

Valli dimenticate

Ganz zuhinterst im Tessin liegt ein Tal,
das zur Winterzeit in einen Dornröschenschlaf
versinkt. Doch kaum schmilzt der Schnee, …

Vorhergehende Seite links:
Die Sumpfdotterblume gedeiht an sehr feuchten Stellen.

Vorhergehende Seite rechts:
Die auffällige Flechte Solorina crocea bevorzugt sehr kalte Standorte.

Unten:
See von Isra mit seinen Rinnsalen und Pizzo Corandoni.

Rechte Seite:
Jener Arm des Rheins, der über die Felsen des Val Cadlimo hüpft.

…schimmert die weisse Decke plötzlich in leuchtendem Purpur: ein Zauberwerk der Schneealge (Chlamydomonas nivalis). Diese enthält nämlich ein Pigment, das den Schnee rot färbt. Die violetten Glocken der Alpensoldanelle (Soldanella alpina), das rosarote Polster des Leimkrautes (Silene excapa), die purpurnen Kelche des Steinbrechs (Saxifraga oppositifolia) und die strahlenden Blüten der Pelz-Anemone (Pulsatilla vernalis) – sie alle künden das Erwachen des kurzen Frühlings an.

Im August, wenn in der Hitze des Sommers auch der letzte Schnee geschmolzen ist, schmücken kleine Seen und zahlreiche Weiher wie blaue Vergissmeinnicht das Tal. Die meisten sind unbeschreiblich schön. Und es sind ihrer wirklich viele, vom winzig kleinen Tümpel unter der Bocchetta del Blas (2875 m) bis zum See von Isra mit seinen Mooren und Bächen. Jedes dieser Gewässer ist von grossem wissenschaftlichem Interesse: Viele seltene Pflanzen gedeihen hier. Sie sind wie wertvolle Schatullen, umwallt von luftig-weissem Wollgras (Eriophorum), das ständig in Bewegung ist und aussieht, als stände es bis tief in den Herbst hinein Wache.

Auf den feuchten grasbewachsenen Hängen und den sumpfigen Wiesen bei den Seen wächst das Studentenröschen (Parnassia palustris), ein einfaches Pflänzchen mit weissen, auffallenden Blüten.

Im Val Cadlimo hat es die Natur sehr eilig. Ihr bleibt nur wenig Zeit. Selbst die Wolken scheinen von der Hast angesteckt: Wie rastlose Grossstadtbewohner wirbeln sie über das Tal hinweg, getragen vom hier so häufig herrschenden Nordwind. Alles und alle müssen sich sputen.

Die Blüten der Alpenazalee (Loiseleuria procumbens) – ein Spalierstrauch, der auf sonnenbeschienenen Felsen einen dichten Teppich bildet – halten sich schon im Herbst bereit und öffnen sich, kaum dass der Frühling einzieht.

Auf den zahlreichen verschneiten Kuppen, die in der letzten Eiszeit ihre runde, geschliffene Form empfangen haben, wächst auch die Rauschbeere (Empetrum nigrum oder hermaphroditum); dieser immergrüne Zwergstrauch bringt im Herbst dunkle, heidelbeerartige Früchte hervor, die zwar bitter schmecken, aber nicht giftig sind.

Linke Seite:
Reich mit schwarzen Früchten
behangene Rauschbeere
im Spätsommer.

Rechte Seite:
Die kleine Alpenazalee blüht
auf sonnenbeschienenen
Felsen.

Auch bei der Rauschbeere ist die Blüte bereits im Herbst ansatzweise vorhanden. So überstehen die Samen dieser zwei Sträucher den Winter im Schutz der Mutterpflanze, bis die Frühlingswärme sie zu neuem Leben erweckt. Manchmal bemächtigt sich der Winter bereits im September dieses schönen Tales, und es sinkt für eine weitere, lange Jahreszeit in den Märchenschlaf.

Die wenigsten bemerken dieses Tal, obwohl es leicht zu erreichen ist: entweder über den Lukmanier (1916 m) das Val Termine entlang oder direkt links vom Medelserrhein zur Alpe Scaione hinauf. Ins Val Cadlimo gelangt man ohne Schwierigkeiten auch von Cadagno (1917 m) im Piora-Tal über die Bassa del lago Scuro (2478 m) oder über den wunderschönen Weg, der am lago di Dentro (2298 m) entlang bis zu den laghettini della Miniera (2525 m) hinaufsteigt, wo «vor geraumer Zeit eine kleine Silberader bekannt war, die 1905-06 vom Ing. Lodetti untersucht wurde. Doch es blieb alles beim alten, sei's wegen der geringen Ergiebigkeit der Ader, sei's wegen der Unwirtlichkeit der Gegend.» (Carlo Taddei: Dalle Alpi Lepontine al Ceneri). Weit länger ist der Aufstieg von Airolo (1159 m) durch das Val Canaria bis zur Bocchetta di Cadlimo (2539 m).

Geologisch besteht das Val Cadlimo vollständig aus Augengneis, doch auf der linken Seite greift ein fast sieben Kilometer langer Steifen quarzhaltigen Gneises in das Tal hinein. Ein Pfad steigt von der Alpe Scaione hinauf, schlängelt sich auf 2600 m durch die Felsenlandschaft hindurch, säumt die kleinen Seen der Foppa della Rondadura und erreicht schliesslich die Hütte von Cadlimo.

Lago Scuro mit der Sonne, die hinter den Wolken leuchtet.

Auf dem Talgrund gluckert jener Arm des Rheines, der im Tessin entspringt, und zwar im laghetto di Dentro di Cadlimo, gerade unter der Hütte. Auf den Gipfeln, die das Val Cadlimo vom Piora-Tal trennen, geniesst man eine herrliche Aussicht, die sich mit Worten kaum beschreiben lässt.
Welchen Weg man im Sommer auch wählen mag, den einfachen, gut markierten im Talgrund, oder den anspruchsvolleren in Gipfelnähe, überall herrscht das Wasser souverän. Doch im Winter ist es wie ein Dornröschenschloss, eingehüllt in eine weiche, weisse Decke…

Vergiss seiner nicht…

Linke Seite:
Steinmännchen am unteren Weg.

Rechte Seite:
Kleine Seen sind wie Vergissmeinnicht übers ganze Tal verstreut.

Blick vom Val Cadlimo
auf das Scopi-Massiv.

Val Piei (Seen von Port)   Verwundetes Land

valli dimenticate

Nicht einmal eine Stunde von Cascina
di Dagro (1614 m) entfernt befindet sch die Alpe
di Prou (2015 m), eine grasbewachsene…

Vorhergehende Seite links:
Der Laufkäfer lebt
in modernden Baumstämmen.

Vorhergehende Seite rechts:
Der Duft des Sei
delbasts erfüllt die Luft
der Alpe di Prou.

Unten:
Felsblöcke und Hütten
auf der grasbewachsenen
Ebene von Prou.

Rechte Seite:
Die Ebene von Simano
über der Alpe Piei.

...Hochebene direkt unter der Cima di Piancabella
(2670 m) mit noch etlichen gut erhaltenen Berghütten.
Wer zwischen Frühling und Sommer hierherkommt,
taucht in eine Welt der Düfte ein. Rosarote Sprenkel,
überall verstreut, erfüllen die Luft mit einem süssen, in-
tensiven Geruch. Die lieblichen Blüten des Gestreiften
Seidelbasts (Daphne striata) leuchten zwischen den
noch winterlich-vergilbten Grasbüscheln. Nur an wenigen Orten im Tessin sind derart dichte Polster kleiner
rosa Blüten zu finden.

Der Seidelbast blüht auch im Wald in Richtung Lavill (2023 m), und sein Duft steigt hinauf bis zu den Wipfeln der Tannen und Lärchen, wo zahlreiche Meisen trillernd umherflattern. Kaum jemand senkt den Blick auf die modernden Baumstümpfe, doch gerade hier, wo auf den ersten Blick das Leben dem Tode gewichen ist, sind mit etwas Geduld wahre Wunder der Natur zu entdecken.

Hier haust nämlich ein Laufkäfer (Carabus irregularis), einer der schönsten und grössten unserer Berge. Seine Flügeldecken leuchten in herrlichem Grünblau mit einem goldenen Schimmer und kleinen unregelmässigen Schatten.
Tagsüber hält er sich unter Baumstämmen, zwischen den Ritzen in der Rinde oder unter Steinen versteckt. Gegen Abend geht dieses sehr wendige und flinke Tierchen dann auf die Jagd. Der Beute wird eine Säure eingespritzt, die ihr Gewebe auflöst. Die Larven des Laufkäfers leben räuberisch in den Stämmen und zwischen den Wurzeln von toten Tannen und Lärchen.

Einer der Seen von Port vor der Gana Bianca.

Nach der Alpe di Piei (2246 m) öffnet sich die Ebene von Simano. Eine bizarre, rundliche Felsschranke entzieht unserem Blick einstweilen das wahre Gesicht dieser wilden Gegend. Zunächst begegnen wir einer seltsamen Pflasterung, die von wer weiss welcher alpinen Walze kunstgerecht eingeebnet wurde. Hinter der Schranke trifft man bald auf ein winziges Seelein: eine kleine Perle, wenn sich weisse Wolken darin spiegeln. Nicht weit davon entfernt liegt ein anderer kleiner See von längerer Form: eine Träne, die sich nicht entscheiden konnte, ob sie vom Gipfel des Simano oder von der Gana Bianca kullern sollte.

Rundherum, in den kleinen Lücken zwischen den Steinen, lugen scheu die weissen Blüten des Sandkrauts (Arenaria biflora), der Nabelmiere (Moehringia ciliata) und der Gänsekresse (Arabis alpina) hervor. Da und dort, wo kaum Sonnenstrahlen hinkommen und auch das Wasser den Boden nur in dünnen Rinnsalen benetzt, behauptet sich die zierliche Blüte des Stern-Steinbrechs (Saxifraga stellaris).

Linke Seite:
Die zarten Blüten des
Studentenröschens
leuchten in sumpfigen
Wiesen.

Rechte Seite:
In jedem noch so kleinen
Seelein spiegelt sich der
Himmel.

Mal verborgen, mal von weitem sichtbar stechen die einzeln stehenden, leuchtend grünen Stengel des Tannen-Bärlapps (Huperzia selago) ins Auge. Dieses Gewächs trägt keine Blüten und pflanzt sich durch Sporen fort, die in speziellen Sporenlagern heranreifen. Die Sporen enthalten ein ätherisches Öl, das bei Berührung mit dem Feuer lodernde Flammen erzeugt. Noch zu Beginn des Jahrhunderts wurde der Tannen-Bärlapp deshalb zur Herstellung von bengalischem Feuer, einem kleinen, farbigen Feuerwerk, benutzt.

Vergessen wir einen Augenblick lang die Seen, lassen wir den Blick auf die umliegenden Berge schweifen – und uns wird bewusst, wie unbeständig und provisorisch hier alles ist. Die Felsen sind nicht mit Flechten überzogen, diesen Spuren jahrhundertelanger Starre; sie wirken wie frisch gespalten, diese Steine, als hätte ein Erdbeben das Gelände erst gerade kräftig durcheinandergeschüttelt.

Südlich der Seen dringen seltsame Gesteinsspalten im zerbröckelnden Fels und wuchtige Einschnitte wie riesenhafte Axthiebe ins Innere des Berges hinein, die Eingeweide der Erde blosslegend. Und wer vom Gipfel des Simano ins Bleniotal hinabschaut, sieht eine gähnende Leere von 2000 m und tief darunter Acquarossa… Man kann nicht umhin zu denken, das rötliche Wasser aus den Quellen am Simano rühre von den tiefen Wunden im Gestein. Die Geologen sprechen zwar ganz prosaisch von tektonischem Bruch infolge gewaltiger Massen, die in grosser Tiefe aufeinanderprallen und einander überlagern. Das Ergebnis sind die Spalten, die Wunden in der Ebene von Simano.

Vom Gipfel dieses herrlichen Berges beherrscht man das gesamte Bleniotal. Alle Kuppen, ob fern (Riviera) oder nah (Leventina) bis hin zur Bündner Alpenkette, untermalen die prächtige Pyramide des Sosto, die schwerelos und elegant wie eine Tänzerin von Degas über Olivone schwebt.

Eine Landkartenflechte, halb Alge, halb Pilz, auf Quarz.

Vom Gipfel des Simano wirkt der Sosto wie ein kleiner Hügel.

See von Cardedo   Im Reich des Alpenschneehuhns

Valli dimenticate

Wenn von den höchsten Bergen
des Tessins die Rede ist, den klassischen
«Dreitausendern», fallen unweigerlich…

Vorhergehende Seite links:
Auf dem feuchten Boden
gedeiht die farbenprächtige
Jacquins Simse.

Vorhergehende Seite rechts:
Der Schnee-Klee wächst
auf verschneiten Wiesen.

Unten:
Alpe di Cardedo und Urbell
im ersten Sonnenlicht.

Rechte Seite:
Übereinanderliegende
Felsschichten,
im Laufe der Jahrhunderte
glattpoliert.

…die Namen Rheinwaldhorn (Adula), Basodino und Campo Tencia mit ihren beeindruckenden Gletschern. Dabei ragt im Nordosten des Tessins eine ganze Schar eleganter und nicht weniger beindruckender Dreitausender in die Höhe, die allerdings nicht im Brennpunkt der Bergpresse stehen. Da ist der dunkle, schlanke Piz Terri (3149 m), der massive, pyramidenförmige Puntone dei Fracion (3202 m), die grandiose Wand der Cima Rossa (3161 m), die im Winter mit zahlreichen Eiskaskaden übersät ist, die Cima dei Cogn (3062 m) mit ihrem kleinen Gletscher…

Eingezwängt zwischen Adula und dem Becken der Alpe Giumello, erheben sich kaum bekannte Berge und Pässe: der Lògia (3080 m), das Vogeljoch (2918 m), der Pizzo Baratin (3037 m), die Bocchetta Baratin (2999 m), der Pizzo Cramorino (3134 m) und der Pizzo Nass (2994 m). Es erstaunt, zu Füssen dieser Riesen ein weites, beinahe liebliches Grasland zu finden.

Auch in den kürzesten Wintertagen bestrahlt die Sonne diese Hochebene auf über 2000 m über dem Meeresspiegel. Von ihrem Aufgang über der Cima Rossa bis zu ihrem Untergang erhellt und erwärmt die Sonne das Maiensäss Urbell, und erst am späten Nachmittag verschwindet sie hinter der Gana Bianca. Urbell ist eine schöne Ansammlung von Berghütten, die am hintersten Rand der Hochebene das Tal überschauen. Alle Hütten blicken nach Süden wie Badende am Strand, die Fassaden nach den warmen Strahlen der Sonne gestreckt, und beschützen ihre kleinen Keller, die wie zwergenhafte Schatten an ihnen kleben.

An schönen Herbsttagen scheinen der Lògia, der Baratin und der Cramorino von Urbell aus in Reichweite, doch ihre Gipfel zu erklimmen ist ein beschwerliches Unterfangen, auch wenn sie aus alpinistischer Sicht keine grossen Schwierigkeiten aufweisen.

Linke Seite:
Noch gut erhaltene Hütten in der Senke der Alpe di Pozzo.

Rechte Seite:
Typische Hütten von Urbell mit ihren kleinen Kellern.

Der See von Cardedo dagegen verschwindet im Herbst wie vom Berg verschluckt und taucht im Frühjahr wieder auf, wenn der Frost der ersten Wärme weicht und ein unbändiger Bach vom Cramorino herabstürzt und die kleine Felsmulde füllt.
Weitere sieben Bäche schäumen zwischen diesen Bergen und münden wasserfallartig in den Orino, den Sturzbach des Val Malvaglia. Der einsame Wanderer, der diese Wildnis durchstreift, kommt oft in den Genuss eindrücklicher Naturschauspiele. Die Überraschungen kommen völlig unerwartet.

Ich war anfangs November dort, als das steinige Gelände um den See bereits von einer Schicht gefrorenen Schnees bedeckt war.
Das Geräusch meiner Schritte hat ein Alpenschneehuhn (Lagopus mutus) aufgescheucht.

Nach einem kurzen Streifflug landet es auf dem gefrorenen Schnee, perfekt getarnt. Nur dank dem auffallenden roten Fleck über dem Auge ist es auszumachen. Es beobachtet den Eindringling und stösst wiederholt kurze kratzende Töne aus. Die Krallen des Alpenschneehuhns sind mit dichten weissen Federn besetzt, die vor der Kälte schützen und ein Einsinken in den Schnee verhindern. Nach mehreren misstrauischen Blicken und aufgeregten Bewegungen verschwindet das Schneehuhn im unergründlichen Weiss der Berge. Noch zwei Schneehühner schwingen sich vom sanften Hang auf 2700 m am Fusse des Pizzo Baratin in die Lüfte. Repetitia juvant, sagt ein lateinisches Sprichwort.

Linke Seite:
Paradiesgletscher mit Baratin,
Logia und den Ausläufern
des Rheinwaldhorns.

Rechte Seite:
Das Alpenschneehuhn passt
sich den Jahreszeiten an.

Wer sie mehr als einmal erblickt, hat Glück. In solch feindseliger Umgebung überlebt nur, wer sich anzupassen vermag. Das Alpenschneehuhn ernährt sich den ganzen Winter hindurch beinahe ausschliesslich von Tannennadeln, die es noch gefroren verschlingt. In einem riesigen Kropf wird die Nahrung aufgetaut, bevor sie in den Magen gelangt.

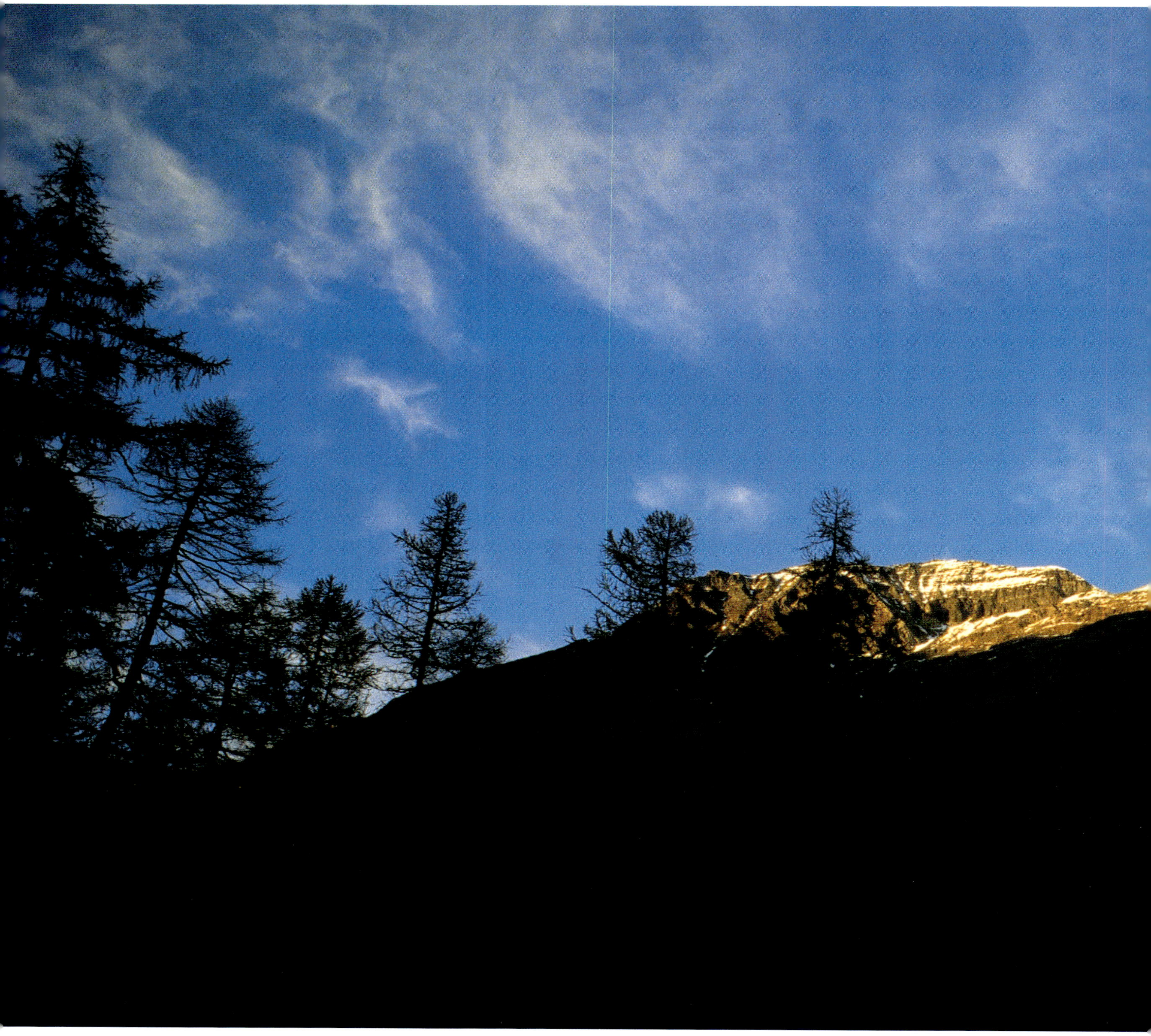

Ein Lichtstreifen
erhellt Logia und Baratin.

Ein alter Alphirt, Beniamino Ambrosetti, genannt Begna, hat mir einst erzählt, dies sei wirklich eine Schneehühner-Gegend. Bis kurz nach dem Krieg stieg gar noch der eine oder andere dort hinauf, um Fallen zu stellen. Es handelte sich um einfache, rechteckige Felsplatten; drei kleine Stöckchen, die in Form einer 4 angeordnet waren, stützten die Platten ab. Die Fallen wurden jeweils im Herbst eine neben der andern plaziert. Ein künstlicher Hohlraum unter den Platten erlaubte den Schneehühnern, sich bei Schnee unterzustellen, und sobald sie die Stöckchen berührten, fiel die Felsplatte herunter und sie sassen in der Falle. Wo heute noch Felsplatten am Rande der Wiesen an steilen Hängen aufgereiht sind, kann man laut Begna darauf schliessen, dass es sich um Schneehuhn-Fallen handelt.

Linke Seite:
Lilie auf sonnigen, grasbewachsenen Hängen.

Rechte Seite:
See von Cardedo, in herbstliche Farben getaucht.

Über dem Reich des Alpenschneehuhns, hinter dem Vogeljoch oder der Bocchetta del Baratin liegt der Paradiesgletscher, eine andere Welt!

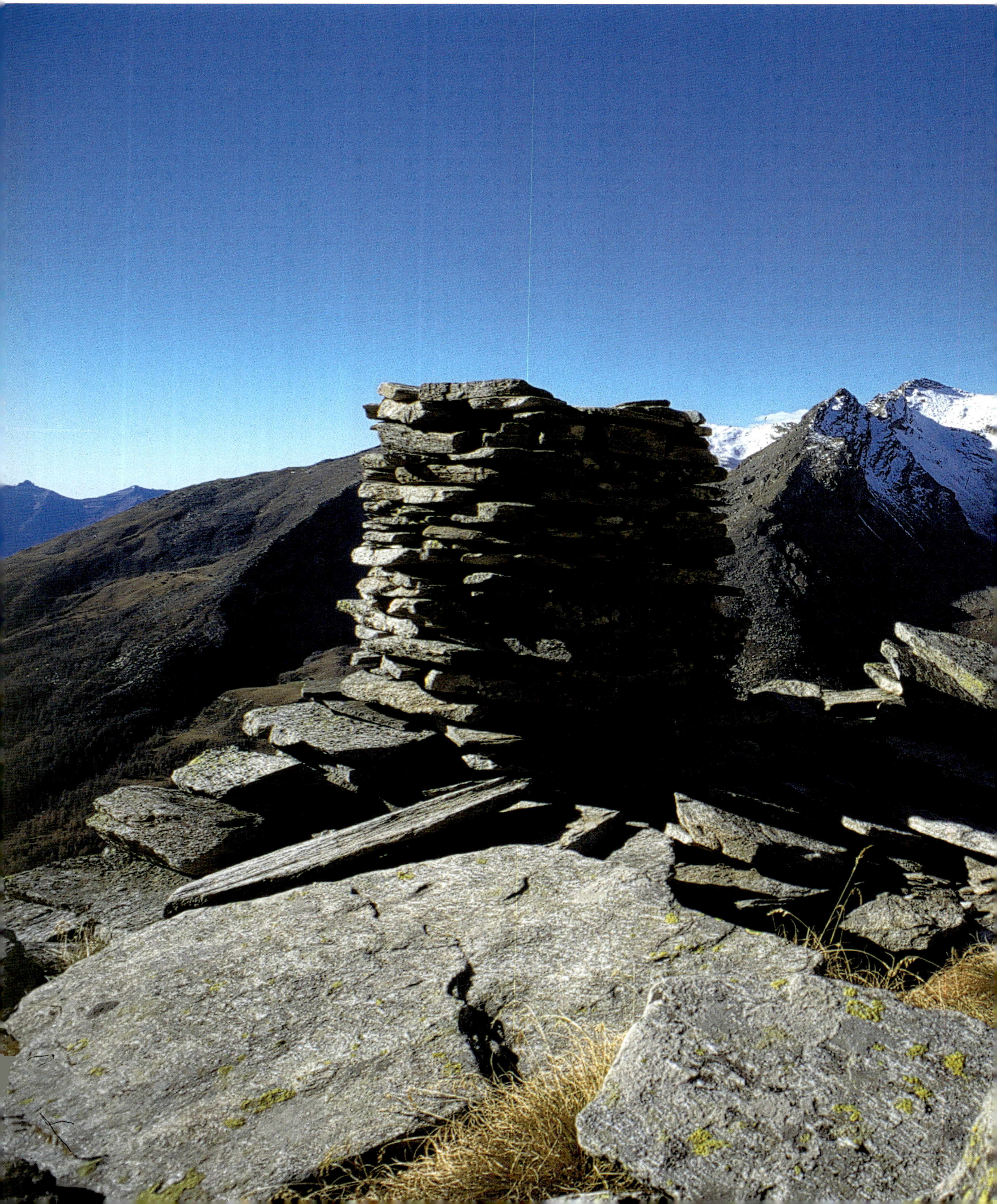

Blick zum See,
im Hintergrund Gana Rossa
und Gana Bianca.

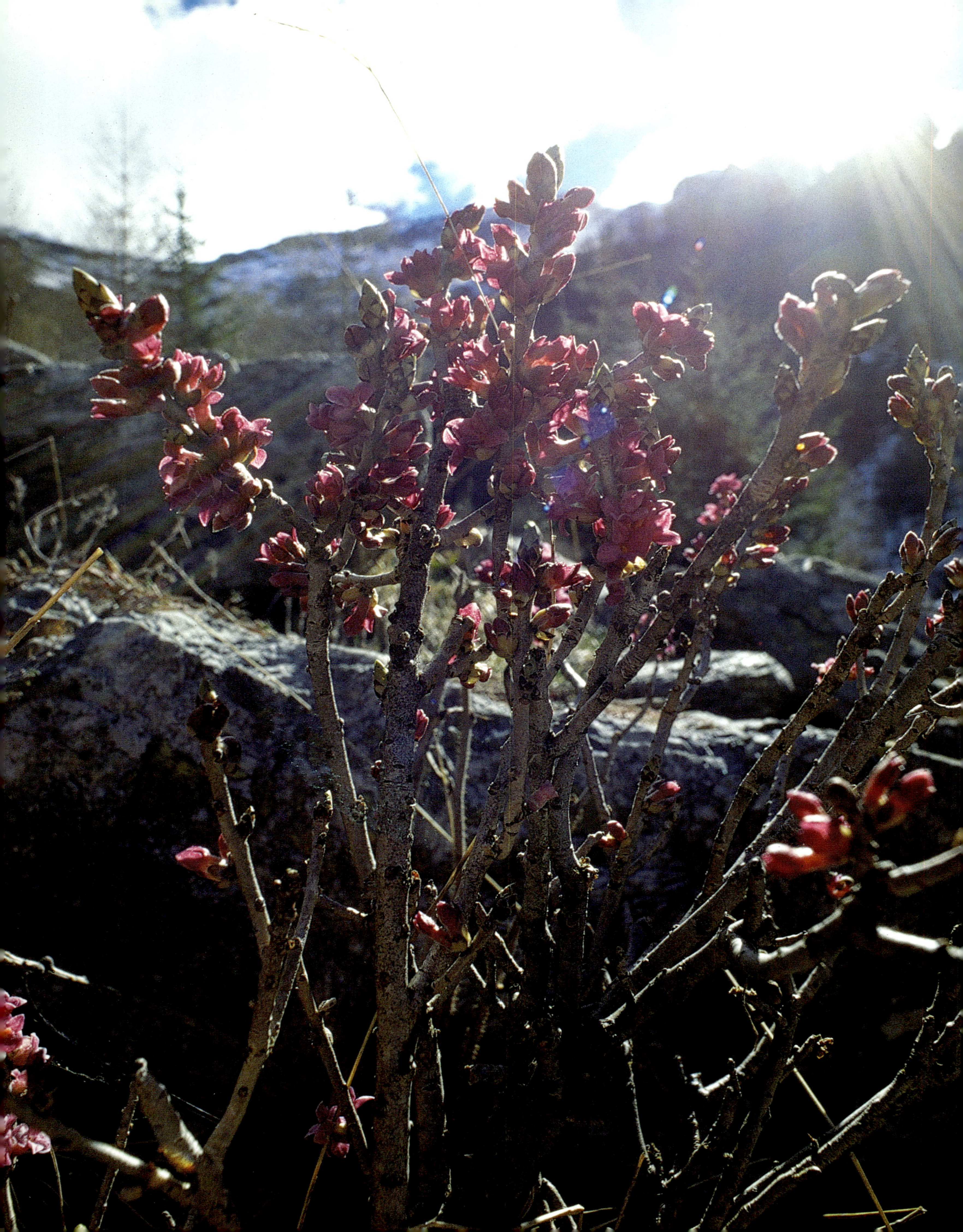

Valle di Cresciano   Wo die Riesen Würfel spielen

valli dimenticate

Im Oktober 1567, als Erzbischof
Carlo Borromeo zum ersten Mal die Tessiner
Riviera besuchte, lebte die Mehrheit…

Vorhergehende Seite links:
Gemeiner Seidelbast,
eine duftende Giftpflanze auf
der Alpe Corött.

Unten:
Birkenwald im Morgenlicht.

Vorhergehende Seite rechts:
Ein eitles Ding: die Feuerlilie.

Rechte Seite:
Die Gemswurz: eine kleine
Sonne mitten im Schatten.

...der Bevölkerung (48 von 56 Haushalten) in den Bergen, in Cresciano sul Sasso und anderen, noch höher gelegenen Dörfern. Der sumpfige Talgrund war nach dem Hochwasser von 1515 unbewohnbar.
Von Cresciano sul Sasso (390 m) steigen verwinkelte Treppenstufen zwischen den alten Kastanienbäumen bergan. Weiter oben stehen Hütten auf einst üppigen Weiden: Caurì (670 m), Rorasco (820 m), Piana (900 m), wo auf einer Hauswand San Carlo dargestellt ist, und Sotaregn (940 m). Nach einer scharfen Wegbiegung führt ein sanft ansteigender Weg durch einen lichten Birkenwald ins Valle di Cresciano.

Valle di Cresciano

48
49

Linke Seite:
Die Alpe Ruscada (Detail)
war einst sehr schön.

Rechte Seite:
San Carlo auf einer
Hauswand in Piana.

Zunächst herrscht im Schutz der Tannen eine eigenartige, fast unheimliche Stille, nicht einmal der Fluss tief unten im Tal ist zu vernehmen. Die wahren Herrscher hier sind die Hirsche. Doch kaum ist der Boggera zu hören, fallen unseren Augen auf die Wunder der Natur. Tiefe Schluchten mit dunklen Pfützen auf dem Grund.

Wo der Weg die Hochebene erreicht, durch die der Fluss fliesst, erblickt man den Sasso Bianco, eine grosse, helle, gewellte und leicht geneigte Platte, auf der verschiedene Rinnsale im Zickzack dahinfliessen und sich in den Vertiefungen aufstauen, die sie selbst im Laufe der Zeit ausgehoben haben. Das sanft hintergleitende Wasser schafft bezaubernde Kontraste. Und erst die Farben! Das leuchtende Grün der Algen, das Blau des Himmels in einer Spiegelung und dann das Weiss des glatten Felsens, das fliessende Orange des Wassers und das Braun, dort, wo die Frösche leben... bekränzt von einer Königskrone aus Bäumen!

Ein wenig weiter oben schiessen kleine Wasserfälle wie aus dem Bilderbuch aus dem polierten Gestein heraus und fallen in zwei zauberhafte smaragdgrüne Seen. Ein steiler Weg am rechten Hang führt zur Alpe di Pèu (1725 m) und zum See von Canee (2198 m) im Schatten des Pizzo di Claro (2727 m).

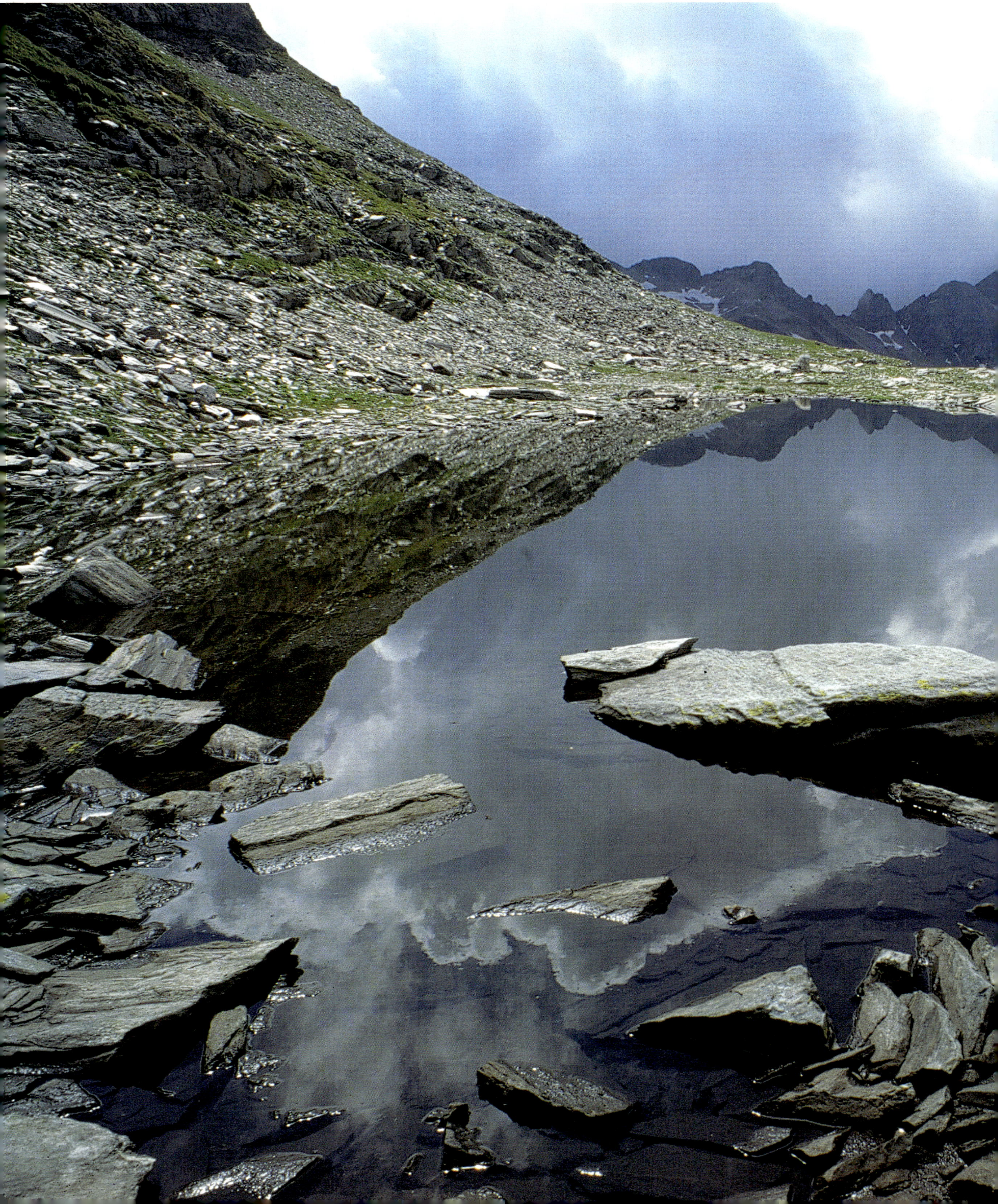

Der felsenumrundete
See unter dem Pizzo
di Campedell (2724 m).

Mühelos erreicht man die Hütten von Ruscada (1191 m), die einst wohl sehr schön und schmuck waren. Heute sind sie durch Wellblech- und Plastikdächer verunziert. Den beinahe senkrechten rechten Hang des Valle di Cresciano säumen wenig bekannte, nicht sehr hohe Gipfel, wie die Cima di Cioltro (1803 m), der Stegnone (2026 m), der Mottale (2168 m) – runde, schwer bezwingbare Kuppen.

Das Valle di Cresciano ist unendlich lang. Und es ist so wild und steil, dass es nach der Alpe di Ruscada schwierig wird, zwei nebeneinander stehende Hütten zu finden. Einsam liegen sie auf vereinzelten, kleinen Grasflecken, mit denen die Natur den Menschen herauszufordern scheint.

Streckenweise verschwindet der Weg, verschluckt von der Zeit und der Natur, die das ehedem verlorene Land wieder an sich nimmt. Es geht bergauf. Die kleine Ebene der Alpe Corött (1500 m) gleicht einem grünen Teppich, auf dem zwei Riesen, der Pizzo di Campedell (2724 m) und der Pizzo di Claro (2727 m) gerade die Würfel haben fallen lassen. Hier liegen zwei riesige quadratische Felsbrocken aufeinander und warten auf den nächsten Wurf…

Die Bocchetta di Piov di Fuori (2479 m), die vom Valle di Cresciano ins Calanca-Tal führt, liegt dort oben, zwischen den beiden Riesen. Auf einem grasbewachsenen Hang neben dem Sturzbach, der am Rosso di Grav entspringt, steht die Hütte der Alpe di Pontei (1696 m). Etliche Fusspfade weisen nach Norden, zur schönen kleinen Hütte der Alpe di Perosa (1984 m) und noch weiter hinauf, bis zu einer andern einsamen Hütte auf 2300 m über dem Meeresspiegel und einem kleinen See, der sich hinter den Felsmassen des Campedell verbirgt. Andere Pfade führen gen Osten, zur Alpe di Grav (1989 m) mit ihren weitgehend zerstörten Hütten.

Wie es die Alphirten einst schafften, mit Sack und Pack diese Höhen zu erklimmen, weiss allein der Himmel. Doch wo Gras wuchs, war Leben. Wenn ich als Wanderer zu den kleinen, abgeschiedenen Hütten gelange, denen etwas Märchenhaftes anhaftet, dann wundere ich mich über die wilde Schönheit dieser Gegend. Doch der Traum zerplatzt wie eine Seifenblase. Beim Bewundern der Alpen von Cavallo, Cassinocc oder Croslee sehe ich auch Schweiss, Tränen und Mühsal.

Oben:
Sasso Bianco, ein Wunderwerk
des Wassers.

Unten:
Zauberhafte Wasserfälle
in der Wildnis.

Valle di Cresciano

Für die Alphirten von anno dazumal war der Aufstieg zu gefährlichen und abgelegenen Stellen eine bittere, oft tödliche Notwendigkeit. Gemeinde- und Bürgergesetze zwangen die Bauern, ihr Vieh auf die Almen zu treiben oder es bereits anfangs April in den Stall zu sperren. Niemand konnte es sich leisten, im Frühling und im Herbst das Heu zu verbrauchen, das für den langen Winter unentbehrlich war. Und so kletterten sie bergauf, zu den Stellen, wo die letzten Grasbüschel wuchsen, die sie dann auf den Schultern zu den Alpen von Grav, Pontei oder Perosa hinabtrugen. Jeder Grashalm ein Schweisstropfen!

Linke Seite:
Alpe Perosa (oben rechts)
mit Stegnone
und Cima di Cioltro.

Rechte Seite:
Würfelförmige Felsbrocken in
der Ebene der Alpe Corött.

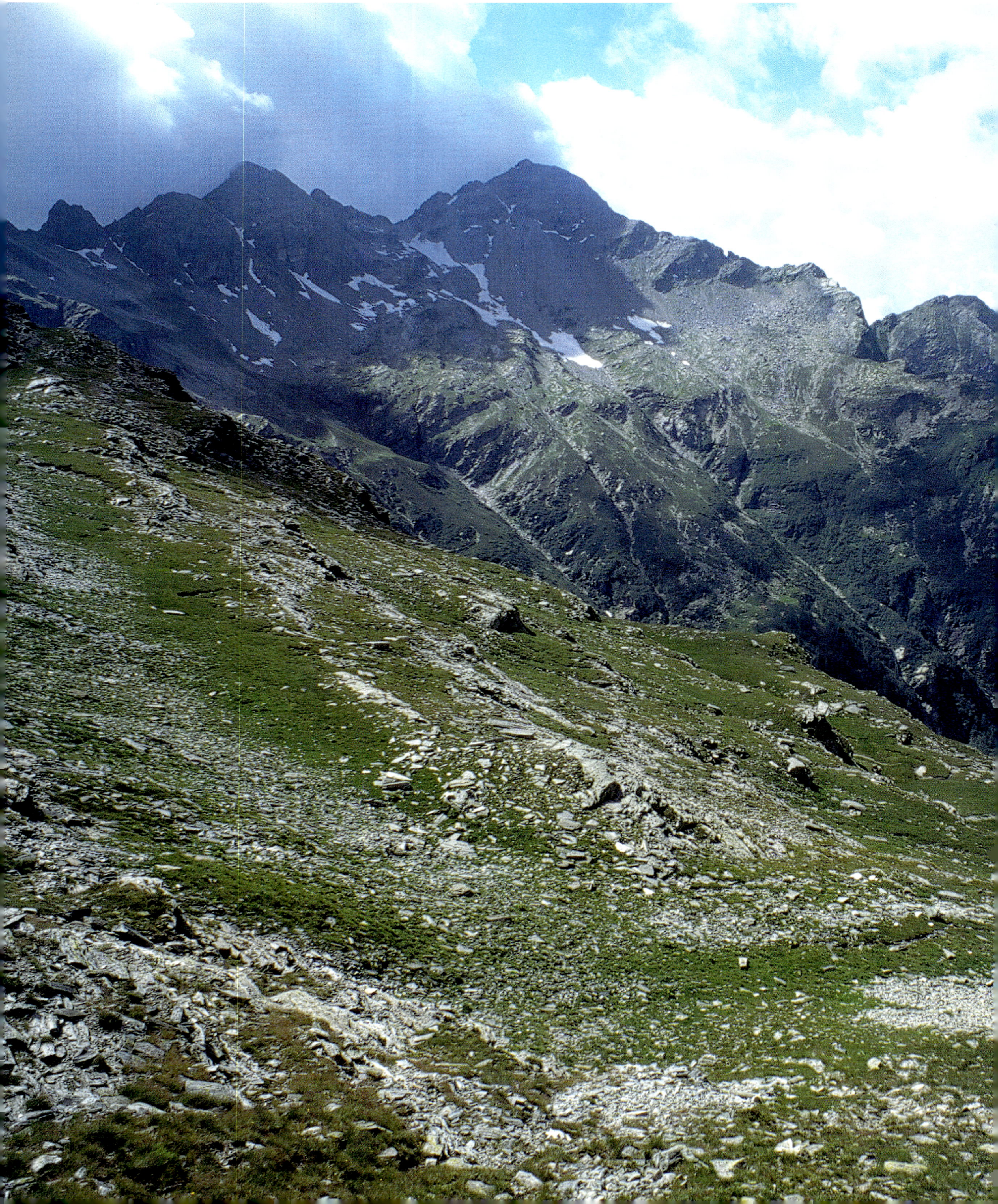

Aussicht vom Campedell (zu sehen sind die kleine Hütte auf 2300 m und die Alpe Perosa).

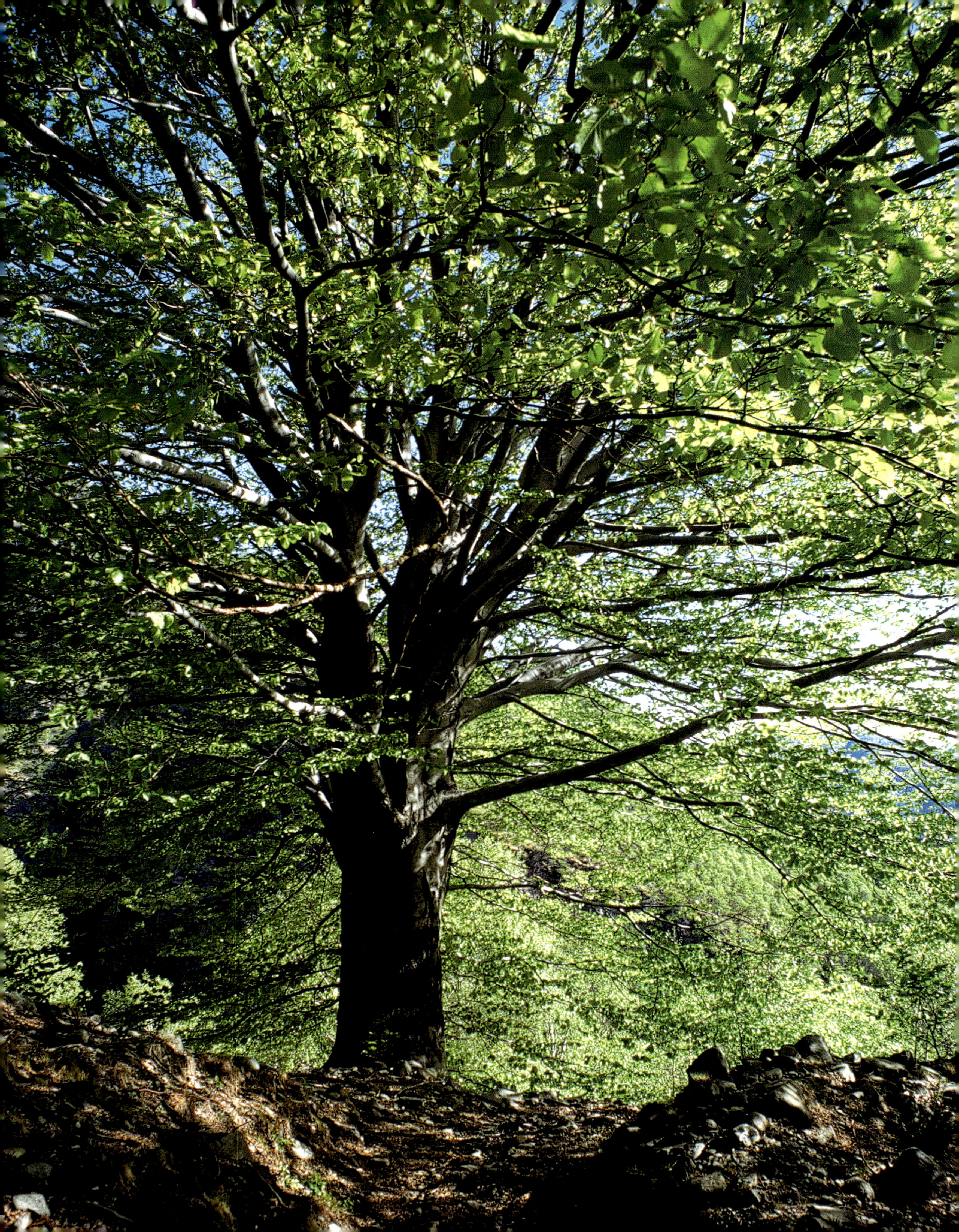

Valle Cusella   Wälder der tausend Quellen

Dieses Tal war wohl bereits in der Antike
von Bedeutung, denn hier fliesst reichlich gutes,
kostbares Wasser. Als ich ein kleiner…

Vorhergehende Seite links:
Der Weg ins Valle Cusella führt an jahrhundertealten Buchen vorbei.

Vorhergehende Seite rechts:
Der Feuersalamander wagt sich nur bei Regen ins Freie.

Rechte Seite:
Die Torrioni, Werk von Quellen und zahlreichen Bächen.

…Junge war, vor rund fünfzig Jahren, fuhren wir mit dem Karren meines Onkels von der Collina d'Oro bis nach Sigirino, um alle Krüge, die wir auftreiben konnten, mit dem Wasser der Quellen des Valle Cusella zu füllen. Es sei gesund und reinige das Blut, pflegte mein Onkel zu sagen. Und mein Vater gab mir so viel davon zu trinken, bis ich mir vorkam wie ein zum Bersten gefüllter Schlauch. Ich erinnere mich noch gut, wie in Sigirino dem Maultier meines Onkels ein Packsattel mit vier Krügen aufgelegt wurde. Ein Saumpfad, der im alten Dorfkern von Sigirino heute noch streckenweise zu erkennen ist, stieg Kehre auf Kehre zu einem Wald aus alten, riesigen Kastanienbäumen hinauf. Es dauerte einen ganzen Tag, bis man dort angelangt war, die vier Krüge gefüllt hatte und wieder nach Hause kam. Das Wasser sprudelte aus einem einfachen Felsspalt. Der steile Weg, der sich neben dem Bach hinaufwand, bestand aus grossen und kleinen Kieselsteinen, die senkrecht in den Boden gerammt worden waren. Und so konnte der Weg über die Jahrhunderte hinweg Unwettern und Überschwemmungen trotzen. Doch nun sind Wildschweine aufgetaucht, und was mit so grosser Sorgfalt und Mühe errichtet worden war, trägt seit kurzem die ersten Wunden.

Am gesamten Hang gedeihen bis auf 1000 m Höhe jahrhundertealte Kastanienbäume. Der grösste und einer der ältesten der Schweiz, ein wahrer Methusalem, wächst auf den Monti di Torricella. Er könnte gut und gerne tausend Jahre alt sein!

Je höher man steigt, desto stärker ändert sich die Vegetation: Man tritt in eine andere Welt ein. Nach der Holzbrücke über das Val Buia gelangt man rasch zu den Monti di Sigirino, wo Birken und Adlerfarn überwiegen. Auch stehen hier Buchen und, wo mehr Wasser vorkommt, Tannen, Erlen und Lärchen.

Auf 1320 Metern Höhe fliessen verschiedene Bäche zusammen. Aus dem Westen strömt der Cusello del Faedo della Strega vom Tamaro hinab, vom Motto Rotondo (1928 m) sprudeln der Cugnolo Storto und das Bächlein der Bocchetta di Campo, und vom Torrione (1783 m) das Bächlein der Tana del Lupo. Inmitten des Faedo della Strega, etwa hundert Meter westlich vom Punkt 1254, steht ein Felsen, der je nach Stand der Sonne und Standort des Betrachters andere Formen annimmt, sich von einem Kauz in eine Kröte verwandelt, von einem Salamander in eine Hexe…

Fast alle Quellen, die im Osten des Tamaro und der Gradiccioli entspringen, von den Monti di Mezzovico über die Torrioni, Pian Cusello, Canigioli und Crana bis zu den Monti di Torricella, wurden in Sammelbecken umgeleitet. Der Forstingenieur Mansueto Pometta schrieb im Jahre 1931: «Die Länge der Leitung vom Hauptbecken (des Cusello) bis zum Reservoir von Rovello über Massagno beträgt 13,484 Laufmeter.

Um das Wasser der Quellen zu sammeln, wurden 90 Auffangkammern und 32 Becken gebaut (…) Der durchschnittliche Quellabfluss, der ursprünglich (d.h. 1919) 52 Liter in der Sekunde betrug, hat sich immer mehr verstärkt und erreichte im Jahre 1933 85 Liter in der Sekunde».

Valle Cusella

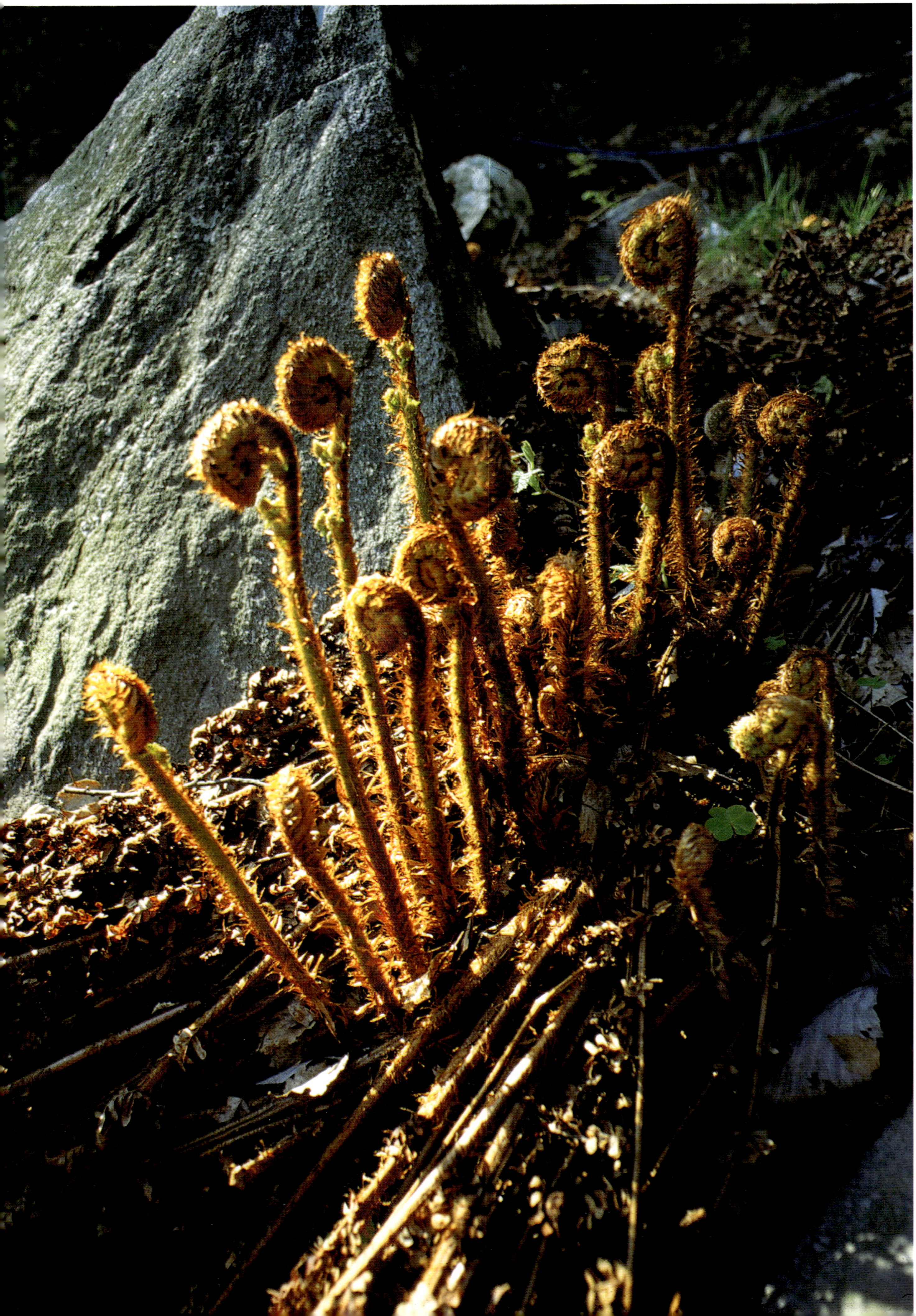

Linke Seite:
Der männliche Farn sieht im Frühjahr wie ein Bischofsstab aus.

Rechte Seite:
Ein zierliches Knollengewächs im Unterholz.

Am Pian Cusello angelangt (1342 m), kann man auf einem markierten Weg leicht den Monte Tamaro über die Alpe Canigiolo (1495 m) und die Bassa di Indemini besteigen. Die Wälder sind dicht mit Wild bevölkert, allerdings ist es oft schwierig, die Tiere aus der Nähe zu beobachten.

Doch keine Regel ohne Ausnahme! Wer hat an regnerischen Frühlingstagen, wenn alles grau und unerträglich nass scheint, schon Lust, die Nase aus dem Bau zu stecken? Und doch gibt es ein auffallend gefärbtes Tierchen, das sich nur blicken lässt, wenn alles vor Feuchtigkeit trieft. Man trifft es auf den Wegen, die sich durch die alten Kastanienbäume hindurchschlängeln, bei Rinnsalen und kleinen Wasserfällen, in den Pfützen zwischen grauen und braunen Steinen, wo das Wasser frisch und rein ist. Es ist der Feuersalamander (Salamandra salamandra) mit den leuchtend gelben Tupfen. Er wirkt vollkommen wehrlos, doch seine giftige Haut reizt die Schleimhäute der Räuber.
Seine auffällige Färbung dient der Abschreckung. So hat er weder Freunde noch Feinde.

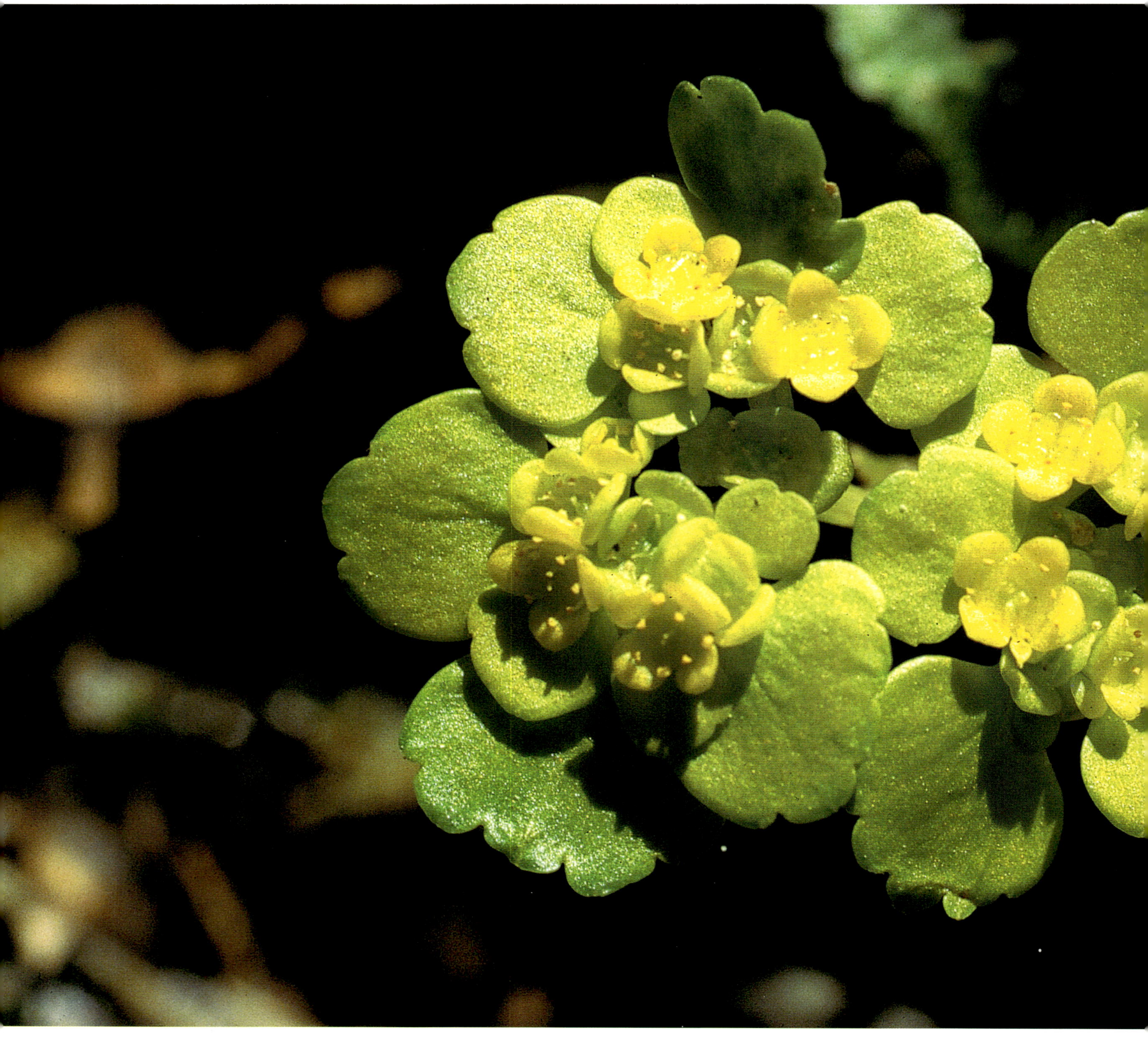

Bei gewissen Quellen
findet sich eine zauberhafte
Blütenpracht.

Linke Seite:
Einer der jahrtausendealten
Kastanienbäume des
Tessins, wohl einer der grössten
im ganzen Land.

Rechte Seite:
Kühles Wasser in der Nähe
von Sigirino

Seit der Antike steht er unter dem Verdacht, schrecklich giftig und unheilbringend zu sein. Daran ist Plinius der Ältere nicht ganz unschuldig, der um das Jahr 70 n. Chr. herum in seiner Naturalis Historia folgendes festhielt: «Er ist so kalt, dass eine einfache Berührung genügt, um Feuer zu löschen; der Schleim, der wie Milch aus seinem Maul quillt, zerstört die Behaarung und verfärbt und zersetzt jeden Teil des Körpers, der mit ihm in Berührung kommt. Ein einziges Exemplar kann mit seinem Gift ein gesamtes Volk auslöschen; er vergiftet das Obst und wer davon isst, stirbt noch bevor der Winter Einzug hält. Bäckt man mit dem Holz, das er gerade berührt hat, Brot, so ist dieses vergiftet, wie das Wasser eines Brunnens, in den er fällt…»

Ein grosser Mann, Plinius der Ältere, doch diesmal lag er eindeutig falsch! Leider gibt es auch heute noch Leute, die sich vor dieser harmlosen schädlingsfressenden Amphibie fürchten.

Valle Cusella

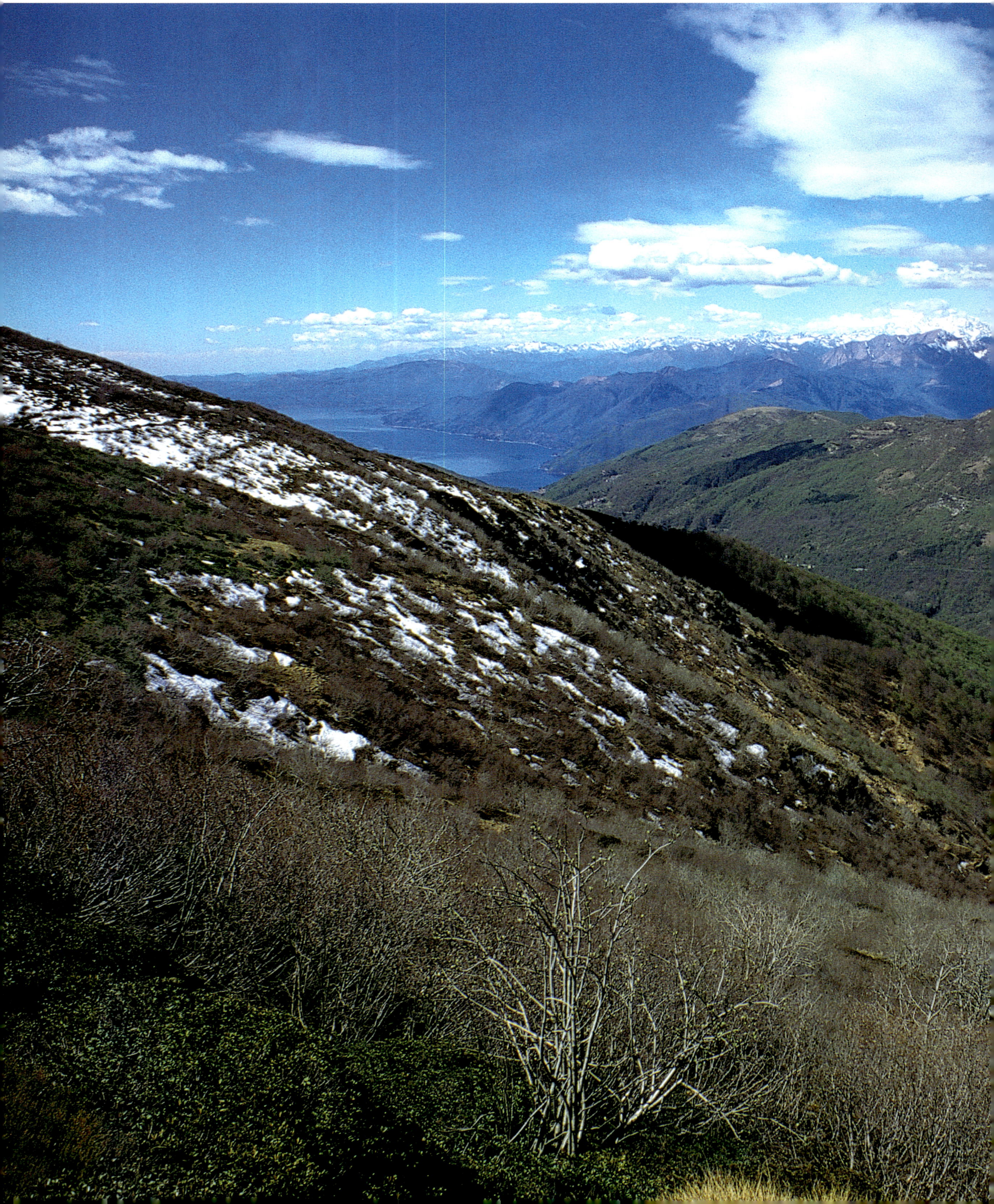

Blick von der Bassa di Indemini über das Val Veddasca.

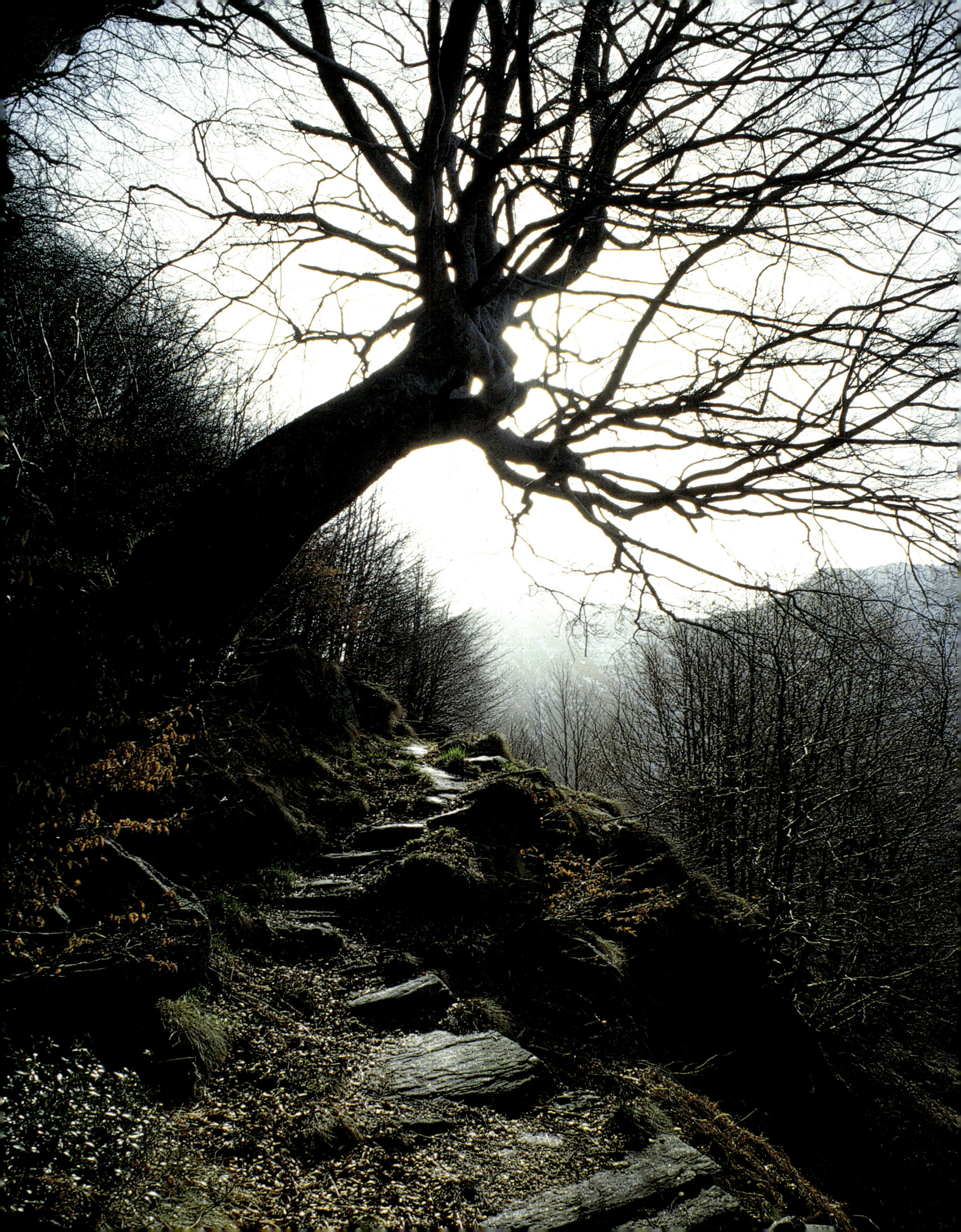

Valle della Porta Wo die Mönche den feinen Käse suchten

Das Dreieck, das der Pizzo di Vogorno
(2442 m), der Madone (2395 m) und die Cima
dell'Uomo (2390 m) bilden, …

Vorhergehende Seite links:
Gleissendes Frühlingslicht.

Vorhergehende Seite rechts:
Das sehr seltene
Schmalblättrige Lungenkraut.

Unten:
Volkskunst in einer Kapelle
über Vogorno.

Rechte Seite:
Seltsames Quarzgebilde
kurz vor dem
Sentiero dei Frati.

…ist schon von weitem sichtbar. Vor allem wer vom Ceneri kommt, erfreut sich immer wieder am Anblick dieses Dreigestirns.
Um das Valle della Porta von der Hütte von Albagno aus zu erreichen, muss man über die Bocchetta d'Erbea (rund 2250 m), einen Einschnitt zwischen den zwei gleichnamigen Gipfeln. Kurz vor der Bocchetta hat die Natur ein Fabelwesen aus weissem Quarz geschaffen, eine Art Widder. Auf der andern Seite geht der zerrüttete Weg steil bergab, entlang an unwegbaren Felsen und wieder hinauf zur Bocchetta della Cima dell'Uomo (rund 2280 m), dabei umwindet er den Berg im Norden, in einer fast immer kalten und schattigen Gegend.

Die kühnen Alphirten von einst stiegen nicht ins Tal hinunter, sondern überquerten die gesamte Nordostwand des Berges waagrecht auf einem Felsband, das Passo dei frati oder Sentiero dei Frati genannt wird, und erreichten so die Bocchetta.

Valle della Porta

Im Jahrbuch 1894 des Tessiner Alpenclubs beschreibt Professor Giuseppe Mariani die Entstehung dieses Namens wie folgt: «Man erzählt, dass sich die Mönche des Johannesklosters, das zur Linken des stürmischen Dragonato von Bellinzona stand, und zwar genau dort, wo die Eisenbahn den Bach überquert, bei ihren Streifzügen zusammen mit ihren Ordensbrüdern von Faido bis auf jene Almen hinaufwagten und reich mit Butter und Käse beladen wieder zurückkehrten. Um den Weg abzukürzen, pflegte sich einer von ihnen – wohl einen stattlichen Wanst vor sich hin schiebend – das enge Band entlangzuquetschen.

Linke Seite:
Hütte von Borgna vor den
Felsen des Madonnetto.

Rechte Seite:
Auf diesen Treppen ist man
im Nu in Rienza.

Er ward nicht mehr gesehen, und erst im darauffolgenden Jahr fand man ganz unten im Abgrund einige Knochen und die Überreste der Kutte. In der Tiefe waren die Wölfe über ihn hergefallen und hatten ihn ohne Rücksicht auf seinen Status verschlungen».

Die Mönche wussten sehr wohl, wo sie sich mit Leckerbissen eindecken konnten! Sie kletterten auf den Erbea und stiegen dann zu den ausgedehnten Alpweiden am Ende des Valle della Porta hinab, das bei Vogorno ins Verzascatal mündet. Das Tal trägt einen sehr alten Namen. In seiner berühmten Schrift aus dem Jahre 1797 vermerkte Karl Viktor von Bonstetten, die Brücke über das Valle della Porta verdanke ihren Namen einem Tor, das unter der Herrschaft der Visconti zur Abriegelung des Tales in Zeiten der Pest gedient habe.

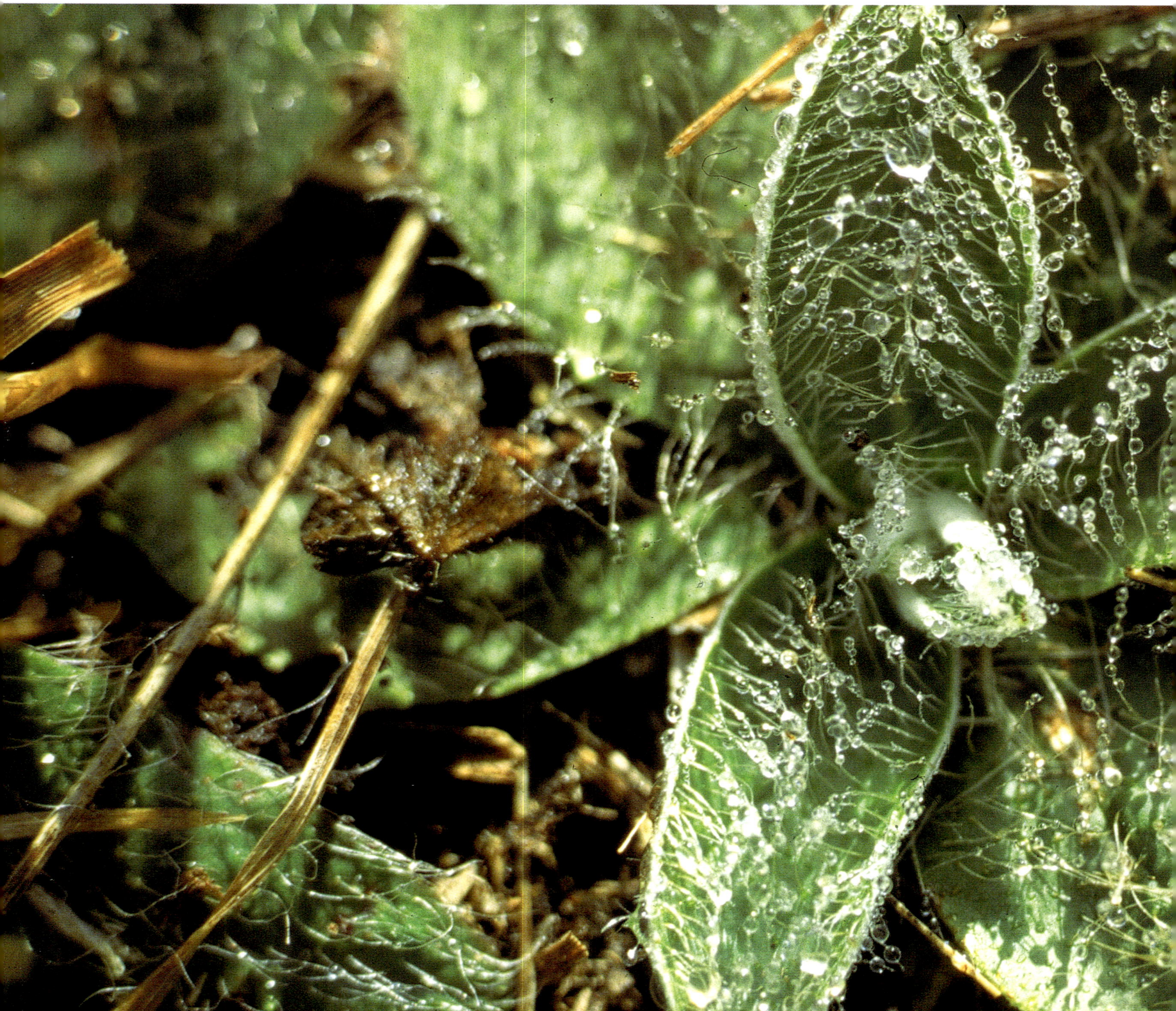

Wie man in der Trockenzeit
zu Wasser kommt.

Linke Seite:
Die Alpe Lòcia unter dem
Vogorno war einst
mit Hütten übersät und von
Rinnsalen durchzogen.

Rechte Seite:
Blick von Borgna auf das
Monte Rosa-Massiv.

Die Bewohner von Vogorno, Besitzer dieses Tals, haben zahlreiche Hütten erbaut. Allein Rienza zählt deren 50 und die Alpe Lòcia auf beinahe 1800 m bringt es auf rund 20! Über das ganze Tal sind wohl mehr als 200 Hütten verstreut! Früher, als die Alpwirtschaft noch der Bestreitung des Lebensunterhalts diente, wie zum Beispiel in der Zwischenkriegszeit, lebten in den Sommermonaten über 500 Menschen hier.

Die saftigen Wiesen von Rienza, Borgna, Mognora, Costera und Lòcia haben das ganze Jahr über Sonne, und der Schnee hält hier nicht lange.
Wer es wagt, im Februar ins Valle della Porta hinaufzusteigen, kann mitten im dürren gelben Gras eine ungewöhnliche blaue Blume antreffen, dieweil die übrige Natur noch schläft. Es ist das Schmalblättrige Lungenkraut (Pulmonaria angustifolia), eine wahre botanische Seltenheit, das auf steilen grasbewachsenen Hängen zwischen 1400 m und 2000 m gedeiht. Im März, wenn der Frühlings-Krokus (Crocus albiflorus) die Wiesen von Rienza und Mognora erhellt, ist das Lungenkraut bereits verblüht.

Ganz oben im Tal, in Borgna, ist bereits jemand gewesen – vor Jahrhunderten, im Mittelalter oder vielleicht sogar noch früher. Er hat geheimnisvolle Zeichen hinterlassen, vor allem Vertiefungen, eingehauen in die flachen, leuchtend orangen Felsbrocken. Versuchen wir doch einmal, uns einen Menschen in der unendlichen Einsamkeit dieser gewaltigen Alp mit ihren Weiden und ihren Wassern vorzustellen, wo manchmal schreckliche Gewitter das Idyll aufwühlen, bevor wieder eine lange unfreiwillige Stille einkehrt.

Linke Seite:
Blick von der Cima dell'Uomo
auf den Erbea mit
dem Sentiero dei Frati.

Rechte Seite:
Valle della Porta mit Rienza.

Was konnte er schon tun, ausser sich an den zu wenden, der im Himmel über so viel Kraft und Grosszügigkeit verfügte? Und so hat jener Alphirte vor langen Jahrhunderten den Felsen seine Botschaften für das Jenseits anvertraut, Zeichen, die bei uns heute Verwunderung, aber auch Bewunderung auslösen. Ich selbst bin der Ansicht, dass jene Vertiefungen, jene kreisrunden Mulden, von anspruchsloser Hand geschaffen, die ersten Schritte waren – die Voraussetzung für die geistige und kulturelle Entfaltung des modernen Menschen. Jahrhundertelang zollten die Alphirten diesen Felsen Achtung.

Es ist wirklich schade, dass der Wanderer von heute gerade auf diese Felsen die Pfeile pinseln musste, die den einfachsten Weg zur Cima dell'Uomo, zum Madone und zum Pizzo Vogorno weisen.

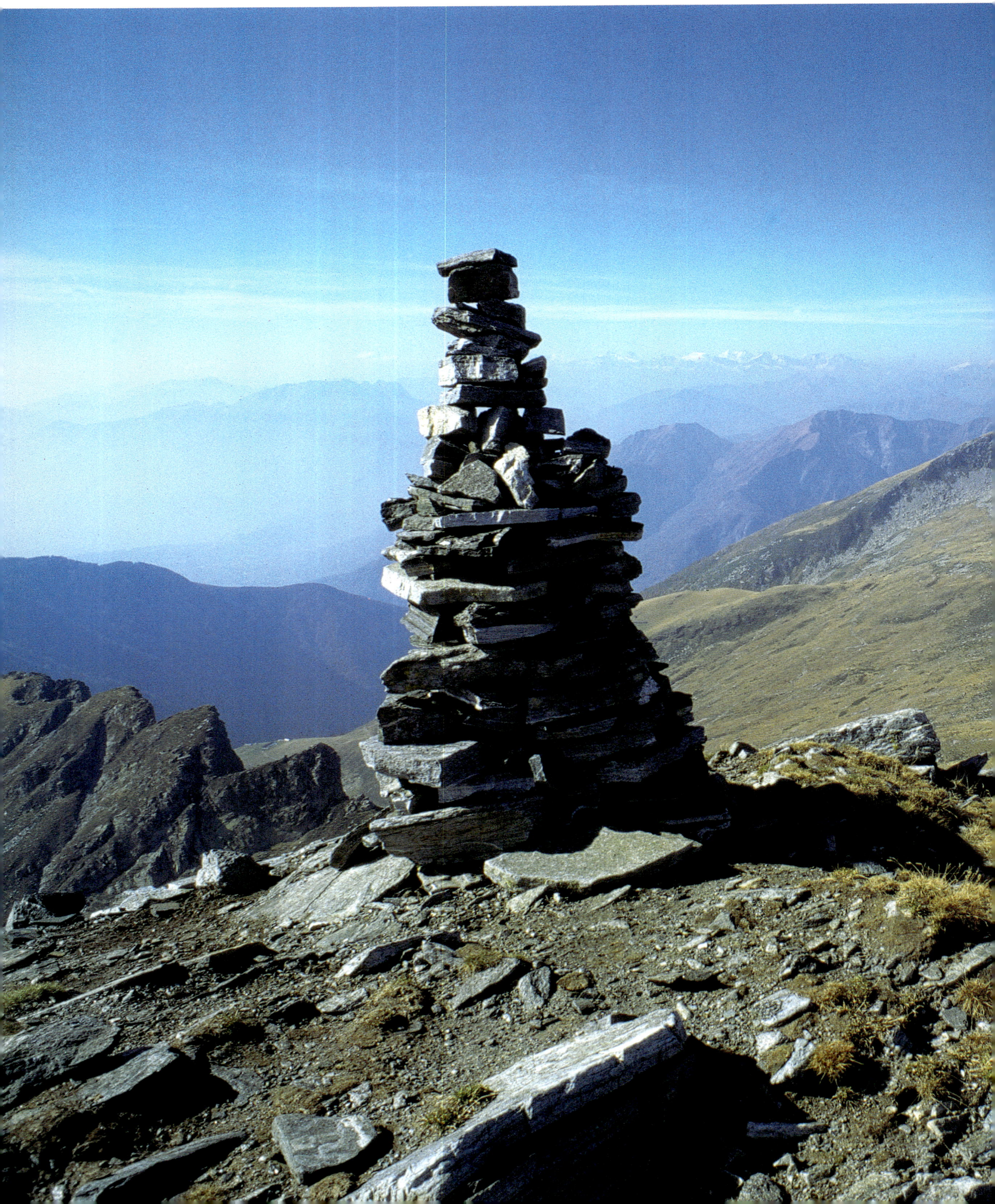

Blick von der Cima
dell'Uomo
auf den Pizzo di Vogorno
und den Madone.

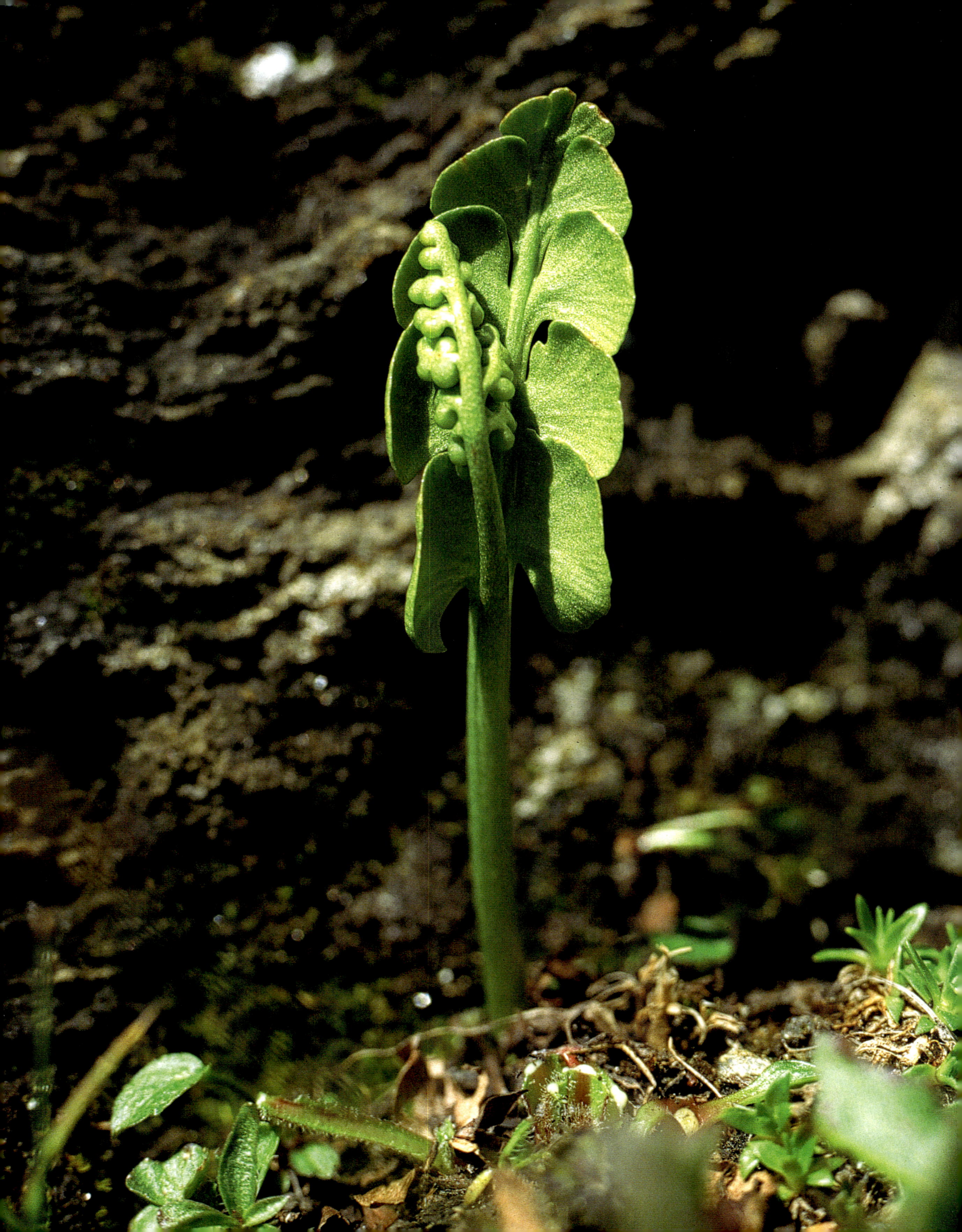

Val d'Iragna — Im Obstgarten der Kobolde

valli dimenticate

Um zu verstehen, wie lang und mühselig
einst der Aufstieg ins wilde Val d'Iragna war,
genügt ein Blick auf den gefährlich…

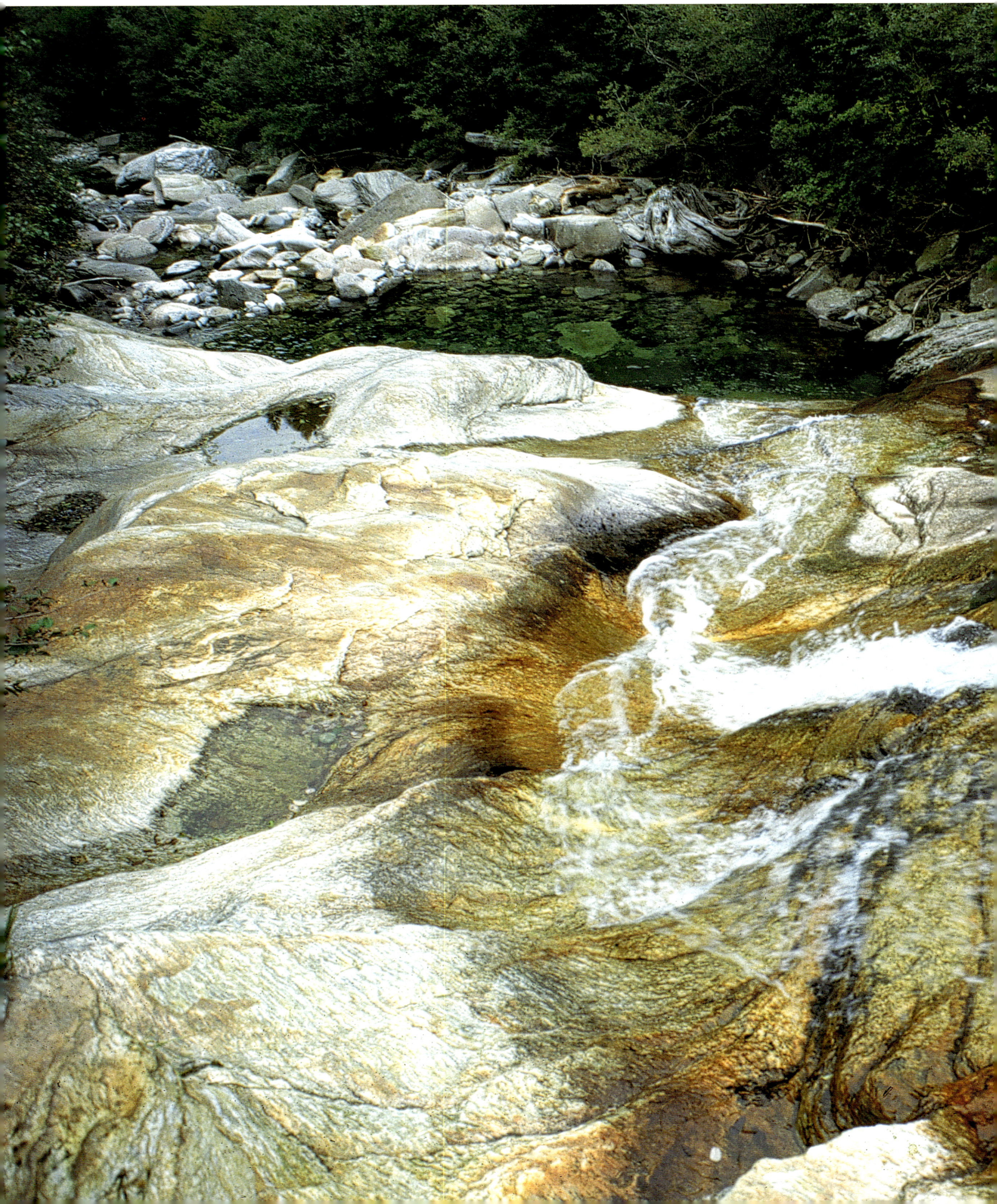

Vorhergehende Seite links:
Mondraute, ein kleines,
unauffälliges Farngewächs.

Vorhergehende Seite rechts:
Die dichten Blütenkissen
der grünlichen Zwerg-Miere.

Links:
In Repiano plätschert der Bach
über rundgeschliffene Felsen.

abschüssigen, zum Teil in den überhängenden Felsen gehauenen Pfad, der sich auf der linken Seite über die engen Schluchten des Riale da Traversa hinaufwindet bis zu der kleinen, alten Brücke, die einen Abgrund überspannt. Leichter begehbar ist dagegen der Weg, der auf der anderen Seite des Flusses zunächst nach Citt (726 m) und dann in gut einer Stunde bis unter die Hütten der Alpe di Repiano (1245 m) führt. In der Tiefe, zwischen grünen Klüften und Pfützen, rauscht der Riale di Iragna, verborgen vom schroff abfallenden, dunklen Wald. Und vor dem steilen Aufstieg, wo Bach und Weg einander treffen, heissen ein smaragdenes Becken und eine steinerne Rutschbahn den Wanderer willkommen.

Das Tal ist feucht, und die Felsen sind mit allerlei Moos- und Sumpfmoosarten überzogen. An keinem andern Ort im Tessin habe ich eine solche Vielfalt dieser sogenannt niedrigen Pflanzen vorgefunden, die gerne übersehen und achtlos zerstampft werden. Doch bei näherer Betrachtung dieser weichen und farbenprächtigen Teppiche wird man sich bewusst, wie hübsch diese Pflänzchen doch sind und dass sie wirklich mehr Beachtung verdienen.

Linke Seite:
Herbstlich reife Heidelbeeren
zwischen den Überbleibseln
einer Geröllawine.

Rechte Seite:
Moose, ein Tropenwald
in Miniatur.

Auf einem einzigen Felsen das Unglaubliche: elf verschiedene Moosarten! Ein deutscher Botaniker hat neun davon bestimmt: Polytrichum piliferum und alpinum, Pogonatum urnigerum, Dicranella heteromalla, Rhacomitrium canescens, Brachythecium velutinum, Babrilophozia lycopodioides, Tritomaria quinquedentata und Sphagum palustre. Als ob das nicht genügte, wachsen am Fusse des Felsens drei weitere Sumpfmoose, und an den feuchtesten Stellen erdecke ich ein auf schattigen Steinen recht verbreitetes Lebermoos (Conocephalum conicum).

Ein anderer Weg steigt von Citt hinauf zur Alpe Cauri und dann durch einen seltsam stillen Lärchenwald nach Legrina (1616 m). Doch das Schönste kommt erst noch. Von Legrina aus führt ein kaum sichtbarer Pfad, der aber einer alten Fährte folgt, zu den kleinen Tälern am Fusse der Cima di Stuell und des Poncione Rosso. Die Täler scheinen unüberwindbar, doch zwei kühn geschlagene Holzbrücken ermöglichen den Übergang. Im Wald dann überschneiden sich die Pfade, und man läuft Gefahr, den Weg zu verlieren. Von der Alpe Rotondo (1688 m) steigt man hinter den Hütten bergan, sucht nach den Wegen, die von den Alphirten angelegt wurden und wandert dabei den Felsen entlang. Im September ist es hier ganz besonders schön.

Man vergisst die Zeit. Zwischen den Überbleibseln der Geröllawinen sind herrliche zinnoberrote Polster üppig mit blauschwarzen Beeren gespickt. Die riesigen Heidelbeeren gehören bestimmt zum verwunschenen Obstgarten der Kobolde. Ein wenig weiter oben finden wir uns plötzlich in einer Traumwelt wieder. Wir sind auf der Alpe di Ninagn (1937 m), einer sanften Ebene im Schatten des majestätischen und eleganten Poncione Rosso.

Linke Seite:
Wie viele Moosarten besiedeln
diesen Felsen?

Rechte Seite:
Das Venushaar bevorzugt sehr
feuchte Standorte.

Wenn wir die Augen halb geschlossenen halten, sehen wir fünf kleine Hütten, einen Stall, einen gleissenden See und viele viele Kühe auf der grossen Weide… eines der Tessiner Alpenwunder. Ninagn – ein seltsamer Name, der Sagen von Kobolden und Elfen heraufbeschwört. Dabei ist dieser wunderschöne, liebliche Ort aus der Verzweiflung jener entstanden, die um jeden Preis überleben wollten; er ist das Erbe einer langen Geschichte voller Mut, Arbeit und Elend. Nun stehen die winzigen Hütten in Trümmern, vom Stall ist nur das leere Holzskelett übrig, der kleine See ist beinahe ausgetrocknet.

Sogar die schwarzen Verzasca-Ziegen, die vom Poncione herabgeklettert sind, irren wie unruhige Spukgestalten umher. Wie mühselig war doch der Aufstieg! Nicht nur für den Wanderer von heute, sondern vor allem für den Alphirten von gestern.
Gen Norden windet sich der Pfad in Richtung der Cima Scarglioi, die man an verschiedenen Stellen überqueren kann, um zur Alpe di Ghereresc (2002 m) im Val Camana hinabzusteigen, das mit dem Valecc del Tenc das Val di Iragna bildet.

Von der Alpe Ghereresc schlängelt sich ein alter Pfad bis unter die Wand der Bassa (2233 m), die man rechts auf einem Felssims oder links auf einem schwindelerregenden Übergang umgeht. Nur dank stundenlangem Gehen, starken Nerven und robusten Knöcheln kommen wir dazu, zwei lange und wilde Täler zu betrachten, die von vielen vergessen, aber noch nicht von allen verlassen wurden. Die Hütten auf der Seite der Riviera sind häufig wieder instandgesetzt, und auf der Seite der Verzasca wird die Alpe Fümegna noch genutzt.

Linke Seite:
Der kleine See von Ninagn
trocknet im Herbst aus

Rechte Seite:
Teilweise zerstörte Mauern
und Hütten auf der Alpe
Ninagn.

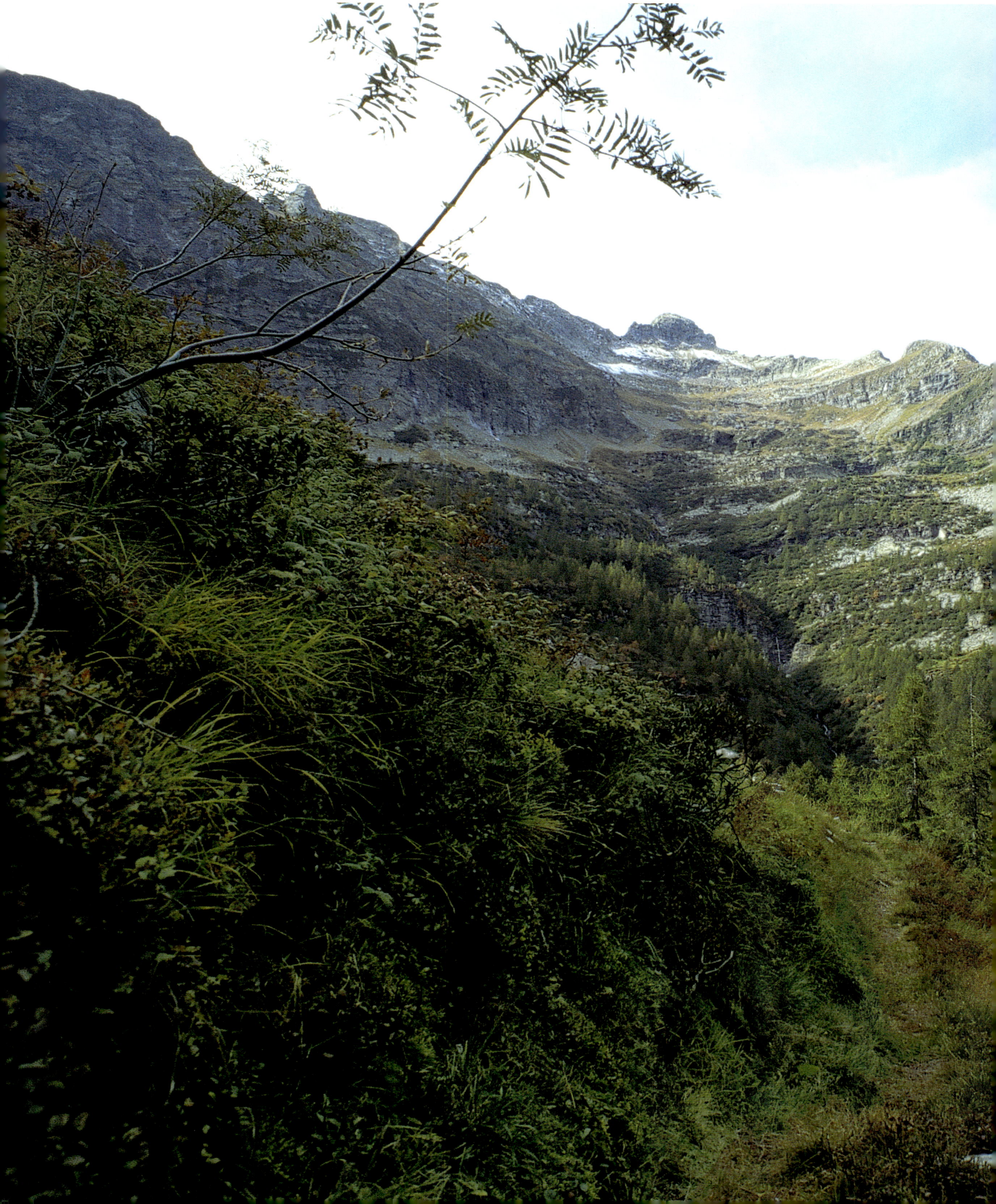

Blick von Legrina auf
die Alpe Rodondo und den
Poncione Rosso.

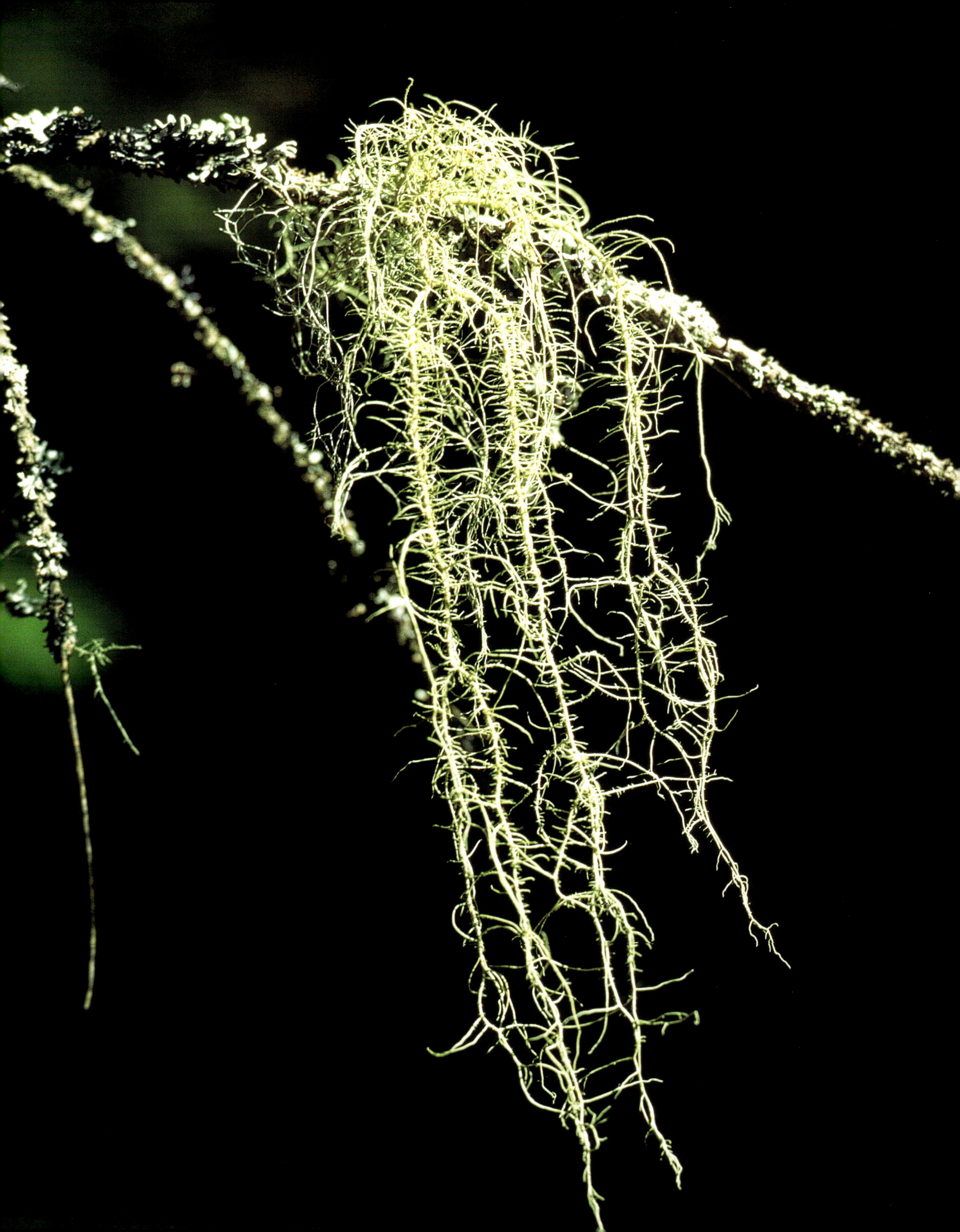

Val Marcri — Der Felsenwächter

valli dimenticate

Vom Talgrund aus bleibt dieses Tal vor
neugierigen Blicken verborgen, eingeklemmt
wie es ist zwischen den viel bekannteren…

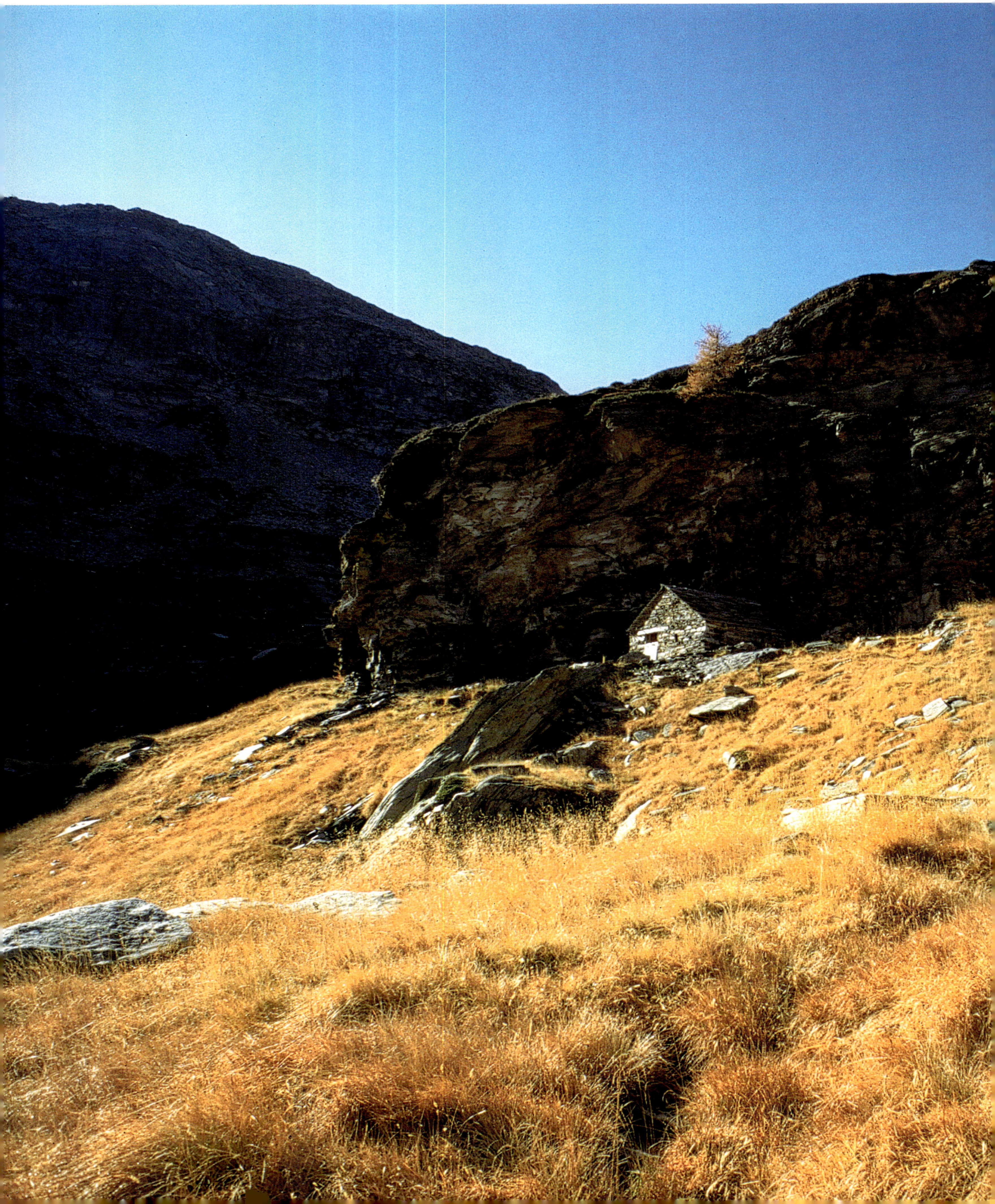

Vorhergehende Seite links:
Die auffällige Bartflechte.

Vorhergehende Seite rechts:
Wolfsspinne mit ihrer Brut.

Links:
Cascina di Lago: Eine Hütte schmiegt sich schutzsuchend an die Felswand

Linke Seite:
Steil windet sich der Weg zwischen den Felswänden hinauf.

Rechte Seite:
Monolith oder Felsenwächter auf der Alpe di Marcri.

…Seitentälern – man könnte meinen, es gebe das Val Marcri gar nicht. Doch die schönsten und geheimnisvollsten Täler sind vielfach abgelegen, entziehen sich dem Ansturm der Massen. Das gilt auch für dieses Tal, das man erst in seiner ganzen Schönheit bewundern kann, nachdem man es lange gesucht und nach etlichen Mühen auch gefunden hat.
Bei der Kurve von Piotta Bella (500 m) verlässt man die asphaltierte Strasse, die von Personico ins Val d'Ambra führt, und betritt einen Wald mit alten Kastanienbäumen. Wenn im Winter der Wind heult, sehen diese Bäume aus wie Gerippe, wie Riesen, die vergeblich versuchen, um jeden Preis ein unwirtliches Land zu verlassen. Doch auf dem einzigen freien Platz liegen massenhaft Steine und Felsen, und so krümmen und winden und klagen die Baumriesen unter der grossen Anstrengung.
Nach den Hütten von Sassan (1023 m) gelangt man durch einen stillen, dunklen, aber keinesfalls unheimlichen Tannenwald in südöstlicher Richtung ins Val Marcri. Doch die Geruhsamkeit ist nur von kurzer Dauer. Kaum dringt aus der Tiefe das Tosen der Morgarasca herauf, öffnet sich im dichten Buschwerk ein Gang, ein beschwerlicher Weg nach oben. Ein steiler Aufstieg in einem Buchenhain führt bis unter Larecc und um eine unwegsame Wand herum. Besonders mühsam ist die Wanderung im Herbst, wenn das dürre, glitschige Laub einen Weg verdeckt, der diesen Namen nicht verdient

und den man eh nur erahnen kann. Plötzlich aber, gerade als der Wanderer fieberhaft nach den wenigen verbliebenen Spuren eines verschwundenen Pfades sucht, wird der Weg wie durch Zauberhand sichtbar; er ist breit, eben und schlängelt sich gemütlich neben dem Bach durch die Bäume hindurch... Ein paar Lärchen sind von den langen verschlungenen Fäden der Bartflechten (Usnea barbata) umhüllt: wie Schleier wehen sie in den Ästen, und bei jedem Windstoss vollbringen sie einen neuen Feentanz.

In der Nähe der Hütten der Alpe di Marcri (1602 m) erwartet uns noch ein Zauber. Ihn plötzlich von weitem erblickend, hält man ihn unweigerlich für etwas Ausserirdisches, einen Monolithen aus einer anderen Welt.

Im Herbst erhellt die tief stehende Sonne, die jede einzelne Lärche mit Gold überzieht, den düsteren Fels, den riesigen, von Menschenhand geschaffenen Gendarmen. Nur selten sind Felsfiguren so gross und so sorgfältig erbaut. Wie ein Wächter in einer wilden Welt, der die Vorbeiziehenden vor den lauernden Gefahren warnt...

Nur wenig oberhalb des Felswächters, am Stabbio di Mezzo (1746 m), sehen zwei schöne, meisterhaft gearbeitete Hütten so aus, als seien sie soeben erbaut und gleich wieder verlassen worden.

Linke Seite.
Alpenrosen im herbstlichen Reif.

Rechte Seite:
Die warme Frühlingssonne weckt die Ameisen aus ihrer Winterstarre.

Dann überquert der Weg den Bach, steigt in südlicher Richtung auf eine senkrechte Wand zu, die auf den ersten Blick unbezwingbar erscheint. Doch da ist ein Durchgang, allerdings bemerkt man ihn erst, wenn man zwischen den überhängenden Felswänden eingekeilt ist. Eine Treppe steigt in Windungen die enge Spalte hinauf. Wagt man einen Blick nach hinten, erkennt man einen blauen Fetzen, ein Fenster im Himmel, entstanden durch einen langen Gesteinsbrocken, der von wer weiss woher heruntergepurzelt und zwischen Himmel und Felsen in wackeligem Gleichgewicht verharrt ist. Nachdem auch dieses Hindernis überwunden ist, gelangt man zu den herrlichen Wiesen von Cascina di Lago (1984 m). Eine geräumige Hütte schmiegt sich schutzsuchend an die kleine Wand, die auf den grossen See blickt, dessen Form an ein Löffelbisquit erinnert. Nur ein wenig weiter oben liegt ein zweiter winziger See. Schon im Herbst kommt die Sonne nicht mehr bis hierher, und die beiden Seen frieren sehr früh zu. Rings herum blühen im Sommer Alpenrosen, und eine grossflächige Weide wimmelt von Leben, das allerdings nichts mehr mit Alpwirtschaft zu tun hat.
Wenn man in den Bergen unterwegs ist, achtet man der vielen unscheinbaren Insekten kaum und zertritt sie. Ameisen, Grashüpfer, Raupen und – viele Spinnenarten. Gewisse Naturwissenschaftler vertreten den

Val Marcri

Linke Seite:
Meisterhaft gearbeitete
und gut erhaltene Hütten
am Stabbio di Mezzo.

Rechte Seite:
Ein Fenster im Himmel auf
dem Weg zum See.

Standpunkt, dass die Erde seit Millionen von Jahren von den Insekten beherrscht würde, wären da nicht die Spinnen. Sie haben sogar ausgerechnet, dass die Menge der jährlich von den Spinnen getöteten Insekten mehr wiegt als die gesamte Weltbevölkerung! Eine der zahlreichen Arten, die bei den Seen des Val Marcri leben, ist die Wolfsspinne (Pardosa lugubris).
Sie ist eine beeindruckende Jagdspinne, die durch ihre raschen, fast blitzartigen Bewegungen besticht und auf einen festen Unterschlupf verzichtet. Sie spannt keine Netze. Das Weibchen trägt die Jungspinnen bei der Jagd auf dem Rücken; die Kleinen bleiben bei ihr, bis sie sich vollständig entwickelt haben.
Steigt man zur Rechten der Seen hinan, erreicht man die Terrasse von Pian Tasin (2210 m), von wo man die steilen Hänge der Cima di Rierna und des Gagnone bewundern kann. Der Passo del Rampi, der die Ostwand der Cima d'Efra von 2366 m auf 2493 m durchquert und ins Val d'Efra führt, ist stellenweise sehr gefährlich. Aufgepasst also!

Val Marcri

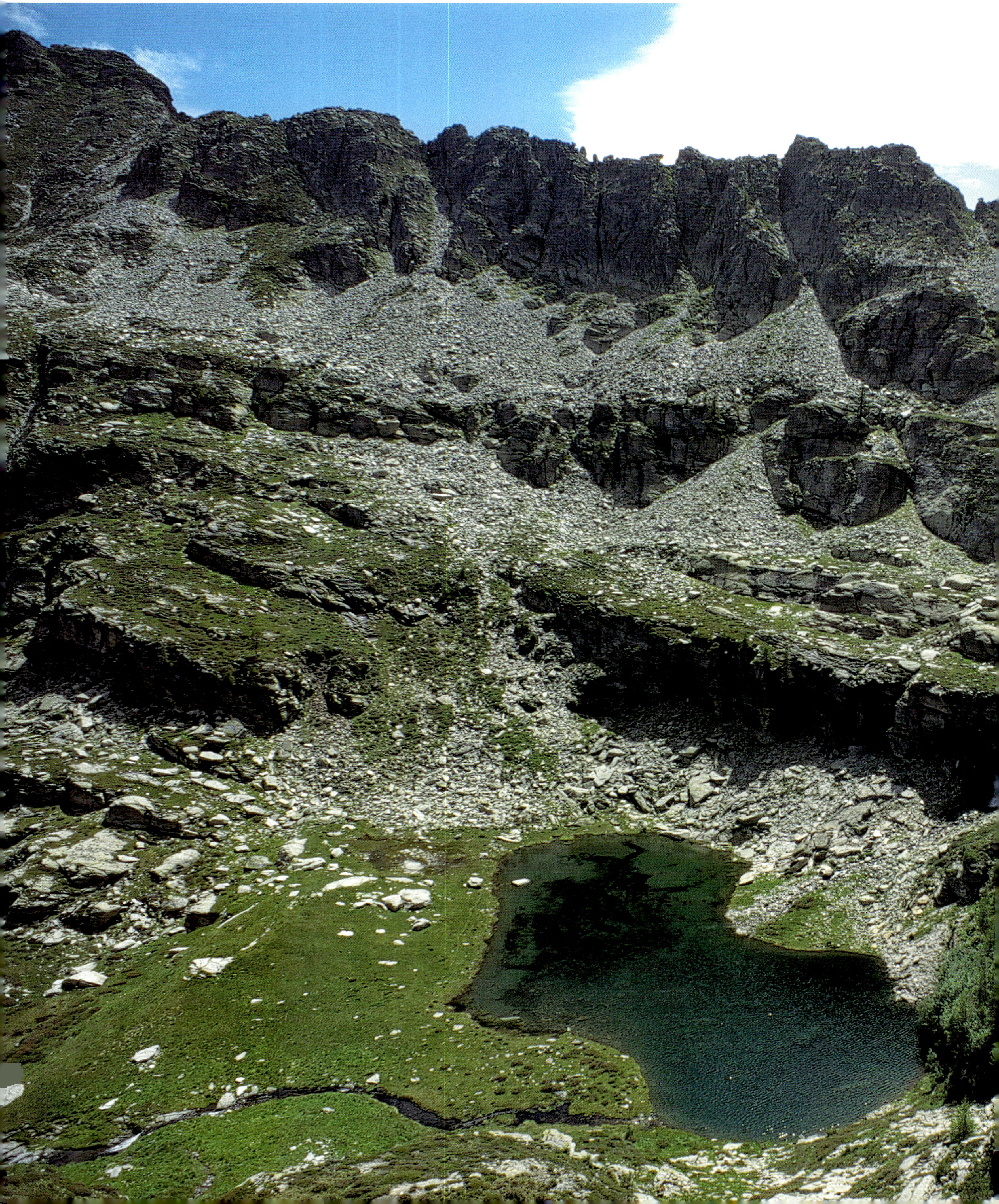

Blick vom Weg zum Pian Tasin auf die beiden Seen des Val Marcri.

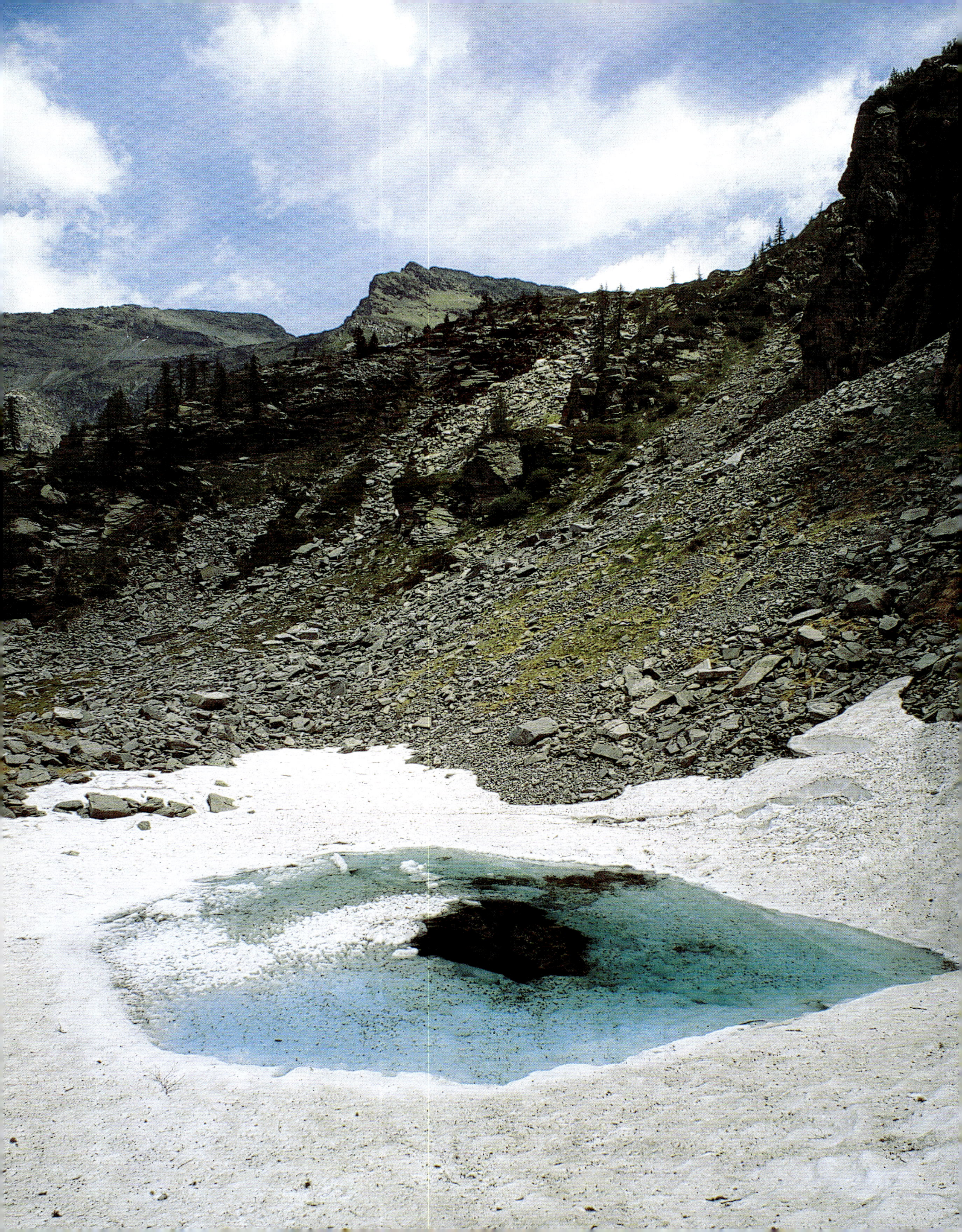

Val d'Efra — Ewiges und Vergängliches

valli dimenticate

Zum Val d'Efra mit seinem tiefblauen See
und der schönen Unterkunft auf dem Corte di Cima,
einer ehemaligen Berghütte, zieht
es heute zahlreiche, auch junge Wanderer.

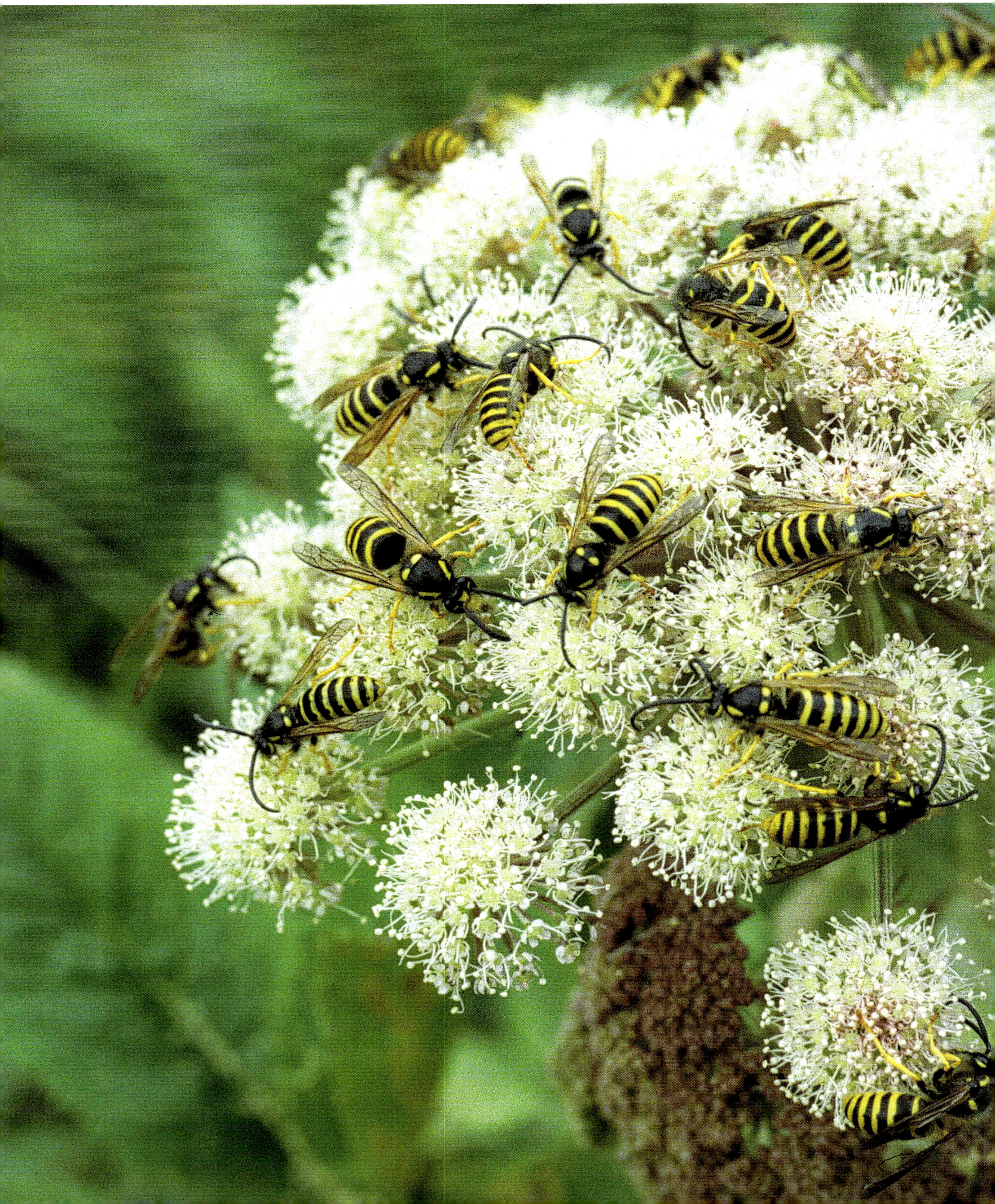

Vorhergehende Seite links:
Hinter dem grossen See ist das
kleine zugeschneite
Seelein kaum zu sehen.

Vorhergehende Seite rechts:
Das sehr seltene Rundblättrige
Täschelkraut.

Links:
Ein Wespenschwarm, Schrecken
aller Raupen und Fliegen.

Linke Seite:
Hütten auf der Alpe Efra…

Rechte Seite:
Passo del Curtin mit den Überresten einer alten Hütte.

Zum ersten Mal stieg ich zu Beginn der Sechzigerjahre dort hinauf. Ich war noch keine zwanzig, und das Leben auf der Alp sprühte vor Geschäftigkeit, auch wenn das Ende bereits abzusehen war. Die Wege waren noch nicht rot-weiss markiert, und auch die vielen kleinen Asphaltstrassen, die sich heute über den Häusern von Frasco kreuzen, gab es noch nicht, doch alle wussten, wo die Strasse der Kühe entlang ging. Von jenem Ausflug ist mir eine Begegnung in Montada in Erinnerung geblieben. Ein alter Alphirte schleppte einen Baumstumpf zu seiner Hütte. Zu jener Jahreszeit kam niemand dort vorbei, und kaum hatte er mich erblickt, da liess er auch schon das trockene Holzstück fallen und fragte wer ich sei, was ich mache, wohin ich gehe und warum. Ich hab's ihm nicht verraten. Er hätte mich für verrückt gehalten. Ich ging in die Berge, suchte die wildesten Stätten, um Stille zu tanken, eine Blume zu betrachten, um ja niemandem zu begegnen.
Kaum hatte das Väterchen erfahren, dass ich zum See und zum Pass hinauf- und auf der andern Seite wieder hinunterwollte, nahm es den Stock, auf den es sich stützte, reckte ihn senkrecht gen Himmel und sprach: «Von hier aus geht's so steil hinan».

Ich erinnere mich noch an den See, umringt von Lärchen, an den Passo del Curtin, das weite Val Gagnone, das zum Val d'Ambra wird, sobald es mit dem Val Rierna zusammenläuft, und das wild und ungezähmt nach Personico hinabführt.

Ich bin immer wieder dahin zurückgekehrt, das letzte Mal, als ich in Guglia beim Pass nach Specksteinbrüchen suchte. Speckstein ist sehr weich und lässt sich mit ziemlich rudimentalen Werkzeugen schneiden und bearbeiten; er speichert Wärme, ohne zu bersten. Diese Eigenschaft wurde für die Herstellung der sogenannten pigne (Öfen) und von Töpfen genutzt. Es gibt da und dort noch Greise, die davon überzeugt sind, dass in Steintöpfen gekochte Speisen besser schmekken und länger warm bleiben! Von denen, die in diesen Steinbrüchen gearbeitet haben, bleiben nicht einmal mehr die Erinnerungen. Ein Jahrhundert ist wie ein Schwamm auf einer Tafel, es löscht Taten und Leiden gleichermassen aus. Seit Generationen werden Geschichten nur vom Hörensagen oder aus Tradition weitergegeben.

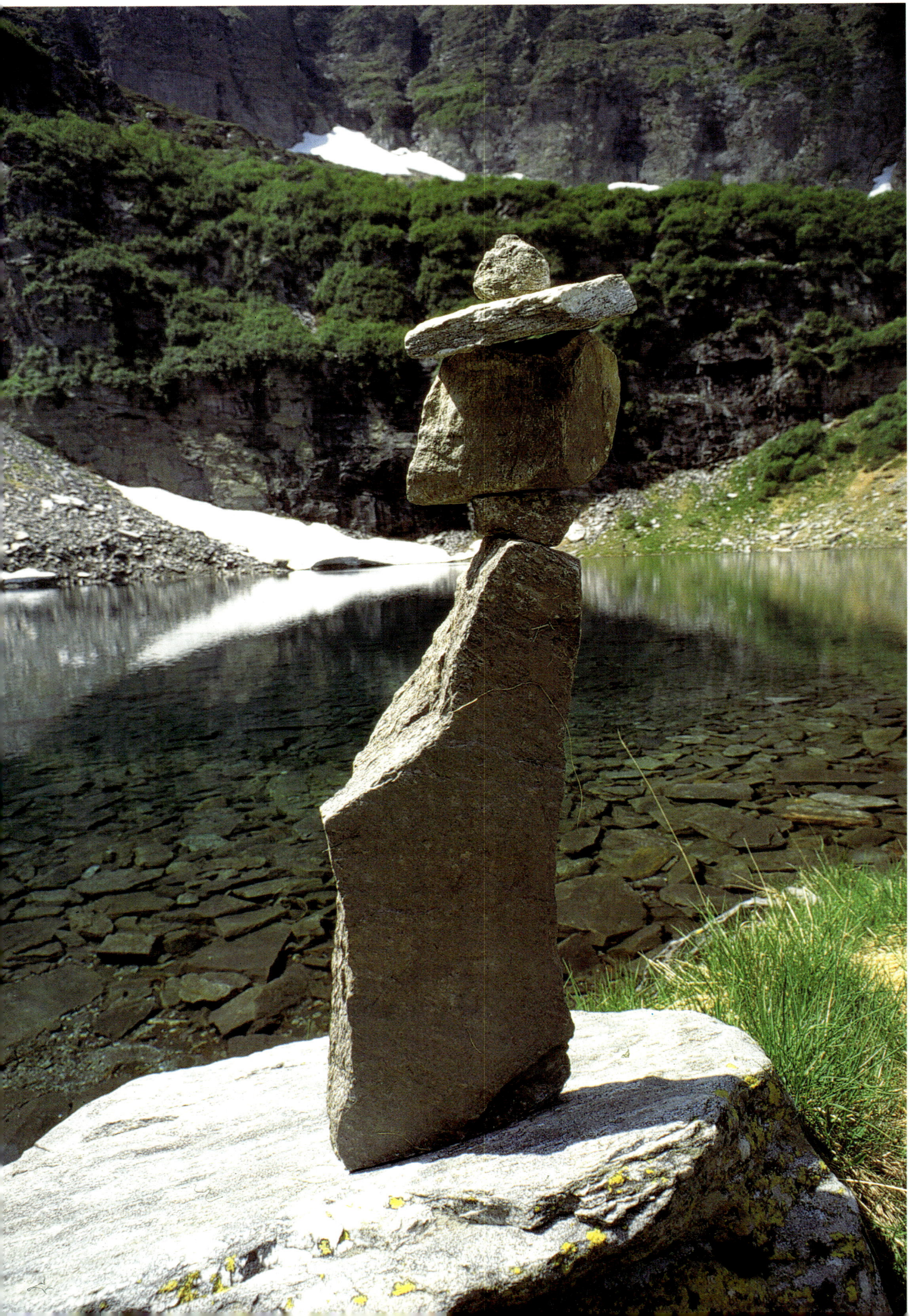

Val d'Efra

Vorhergehende Seite links:
Kleiner, vergänglicher
Felswächter…

Vorhergehende Seite rechts:
Ein echtes Steinmännchen
bewacht eine
Hütte auf der Alp.

Unten:
See von Efra.

Rechte Seite:
Die wunderschöne Alpen-
Akelei überragt
die anderen Blumen.

Doch ich habe ein verzaubertes Tal und eine Blume gefunden. Bereits auf der Alpe dell'Efra trotzt eine kleine Säule aus übereinandergeschichteten Steinen der Schwerkraft. Und während des Aufstiegs begegne ich weiteren Säulen, die immer eleganter, immer schlanker und höher werden. Am See dann zwei felsige Wächter, wie Statuen der Osterinsel in Miniatur. Auf der senkrechten und waagrechten Lage einiger Steine aufbauend, hat ein begabter und geduldiger Künstler ein vergängliches Meisterwerk erschaffen. Doch vielleicht ist es der Akt der Schöpfung, der für den Künstler zählt, der den wahren Wert seines Werkes ausmacht. Und so hat er einen Stein auf den anderen gesetzt, nicht wirklich aufgeschichtet, aber auch nicht im Gleichgewicht, hat in Präzisionsarbeit den Schwerpunkt auf den Millimeter genau gefunden – kurz, eine wahre Geschicklichkeitsleistung. Die Kette von Felsbrocken verschiedener Grösse und Form, wie Steinperlen auf einem unsichtbaren Faden zwischen Himmel und Erde aufgezogen, wirkt im Gegenlicht wie etwas Lebendiges. Nicht mehr kaltes und erstarrtes graues Gestein, sondern ein Spiel der Linien, Kanten, Widerscheine, Schatten, Lichter und auch Farben in den sanften Wellen des Sees.

Kleine vergängliche Kunstwerke, deren Zerstörung in einem Schrei, einem Geräusch, einem sacht landenden Schneefinken oder in der unbedarften Berührung jener lauert, die erkunden wollen, welcher geheime Zauber diesen leblosen Steinen Halt gibt. Und wer wie der ungläubige Thomas mit Händen greifen muss, der weiss nicht, wie befriedigend es für das menschliche Gemüt ist, zu glauben, einfach an ein kleines Wunder oder an Magie zu glauben...

Ein Bild hat sie auf immer und ewig gerettet. Und wer zum See von Efra hinaufsteigt, schenke diesen Felsen einen Gedanken, denn sie gehören zum Damm, haben aber im Gedächtnis all derer, die sie gesehen haben, einen unauslöschlichen Eindruck hinterlassen!

Und wie um den kleinen Statuen einen würdigen Rahmen zu verleihen, gedeiht in der Umgebung des Sees eine kleine rosarote Blume, das seltene Rundblättrige Täschelkraut (Thlapsi lerescheanum). Das Täschelkraut am See von Efra hat sich auf sehr zerrüttetes Gelände zwischen Kieselgeröll und gefährlichem Moränenschutt spezialisiert und eine kräftige Pfahlwurzel mit vielen Ausläufern entwickelt. Rutscht die Erde ab, so gleitet die Pflanze mit in die Tiefe und blüht Jahr für Jahr, als ob nichts geschehen wäre.

So sind die Werke des Menschen und der Natur in steter Bewegung, die einen vergänglich, die anderen ewig.

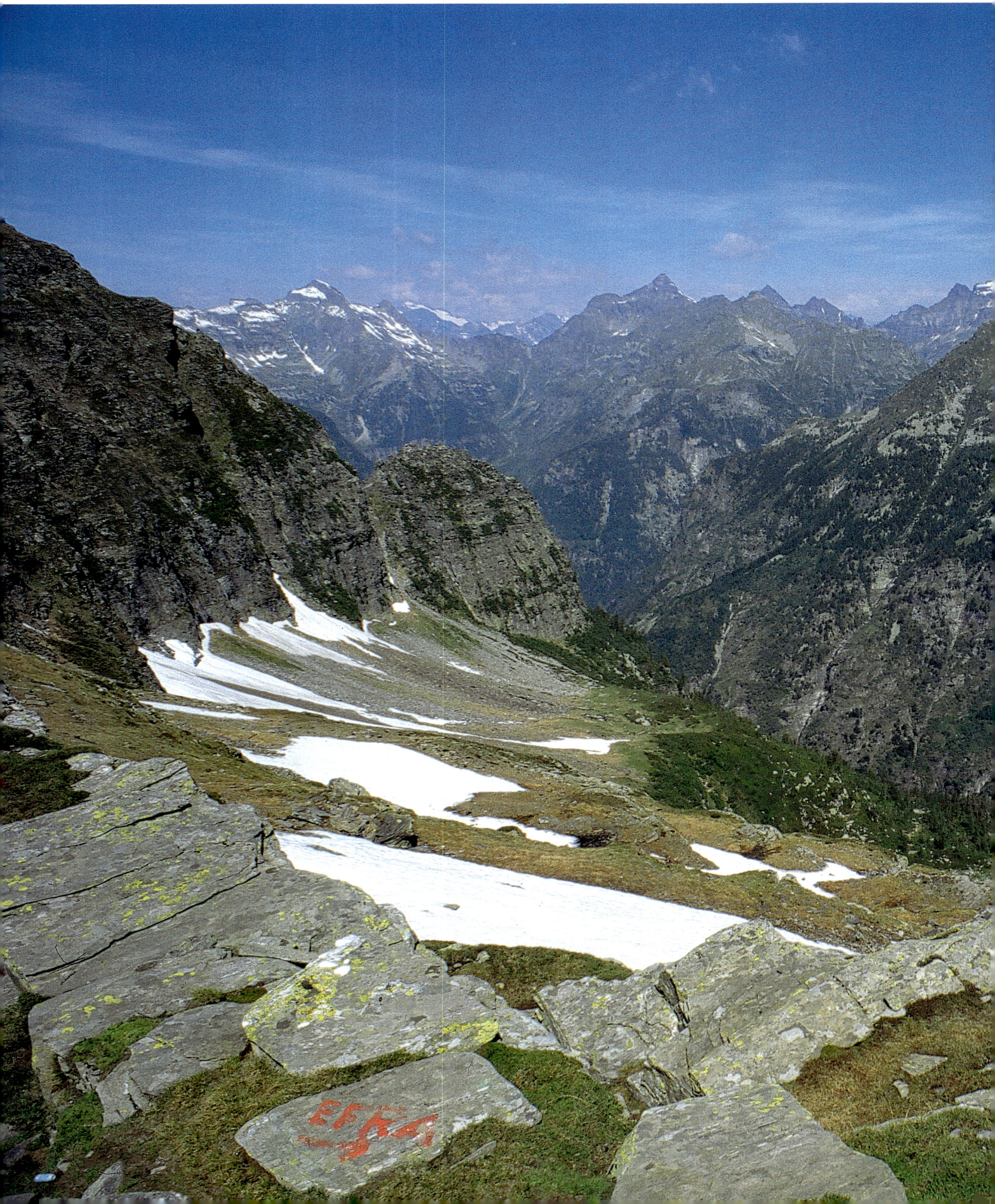

Blick über das ganze Tal.

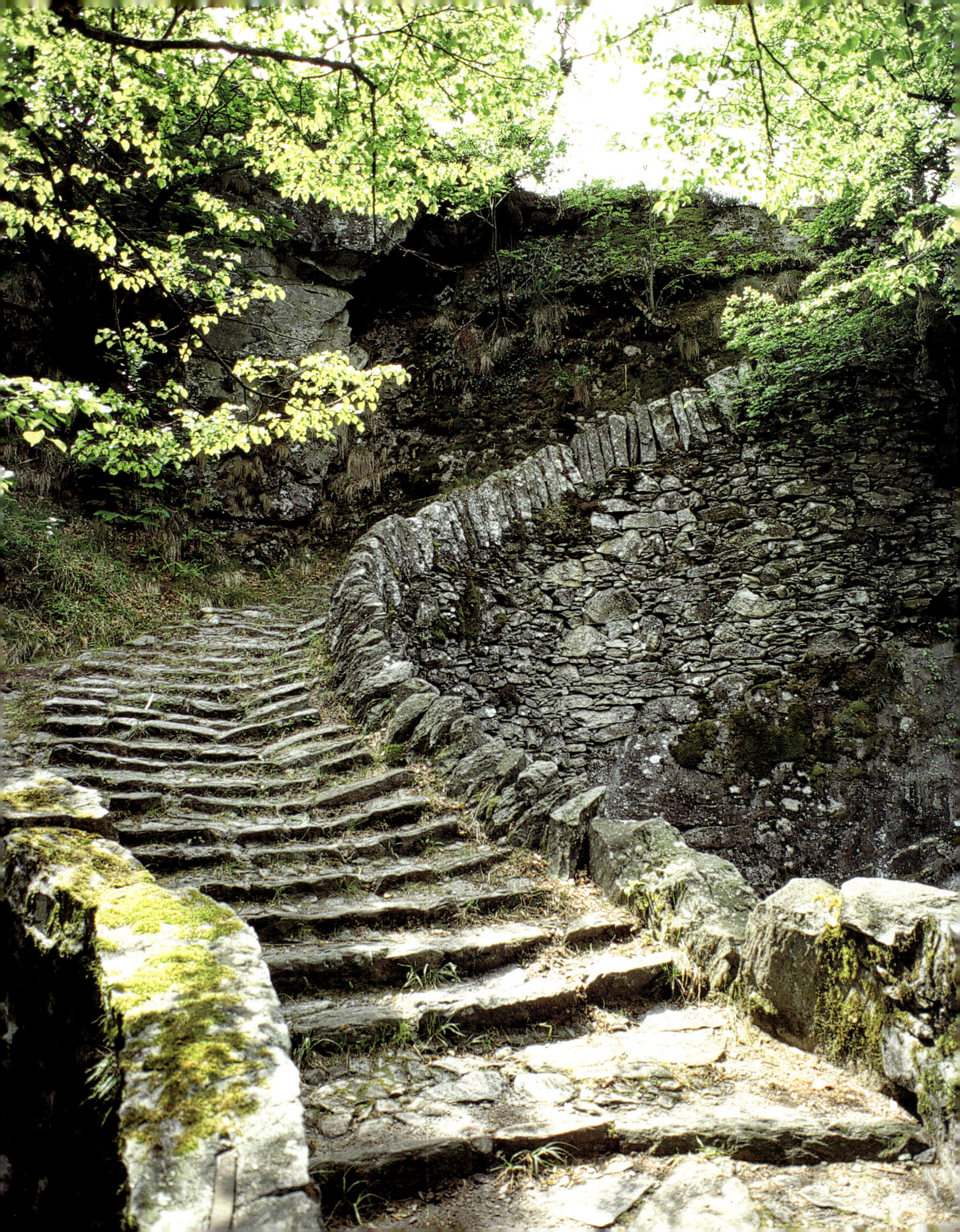

Valle del Salto

Wenn jede Stufe eine Note wär…

Die erste Treppe führt in einer Viertelstunde
zur Cappella della Pioda, zu Fresken
aus dem 16. Jahrhundert und einer schönen Aussicht
auf Maggia. Man sieht ihn schon von weitem, …

Vorhergehende Seite links:
Eine schöne Brücke überspannt das Valle del Salto über dem Wasserfall von Maggia.

Rechte Seite:
Gottesanbeterin in Lauerstellung.

Vorhergehende Seite rechts:
Eindrückliche Kreuzigungsszene des Vanoni auf der Rückseite der Capela bela.

…den Schutzengel eines Wasserfalls, der die Bäche einer eindrücklichen Anzahl Seitentäler in sich vereint. Doch Verwunderung ernten weniger die im Grün verborgenen Täler als die Pfade und vor allem die Stufen, diese endlosen Steinstufen…

Wenn jede Stufe eine Note wäre, dann wäre diese Komposition aus behauenem Granit eine Symphonie, und in den beiden Treppen an den Seiten der Kapelle hätte sie sogar eine Ouvertüre. Die eine windet sich zum alten Tor hinab, die andere steigt aufrecht zu einem alten Kastanienwald hinauf. Die Wege bilden nur das Liniensystem, wo die Noten nie willkürlich angeordnet sind.

Bereits nach wenigen Schritten hat der Talgrund den Lärm der Autos verschluckt, und es wird ruhig um den Wanderer herum. Einzig das Rauschen des Baches und das Gezwitscher der Vögel begleiten ihn. Ich steuere auf den rechten Hang des Valle del Salto zu, wo ich bald auf eine schöne pastellfarbene Kapelle aus dem Jahre 1778 treffe; eine andere steht in Braia (592 m); sie stammt aus dem Jahre 1861 und ist ein Meisterwerk des Vanoni, der eine eindrückliche Kreuzigungsszene auf die dem Wanderer abgewandte Fassade gemalt hat. Noch eine Kapelle auf 770 m mit Noah und seiner Arche, dann zahlreiche verborgene Hütten. Schöne Treppen und breite Wege schlängeln sich durch die Täler, den überhängenden Wänden entlang oder durch bedrohlich abfallende Wälder hindurch. Pfade führen bis zum Eingang ins Val di Laor. Auf den ersten Blick wirkt das Tal ungastlich und seit jeher unbewohnt. Doch beim Aufstieg entlang dem Bachbett entdeckt man da ein Steindach, dort ein anderes… Antrona (1324 m) heisst das Dorf in sehr grosser Entfernung von Maggia. Es war hinter grossen Gesteinsbrocken verborgen, die in vorgeschichtlicher Zeit vom Pizzo Dromegio und von der Piancascia herabgestürzt waren. Es besteht aus einem Dutzend Hütten und Ställen, vielen Treppen und Steinstegen, die wie in einem Puzzle zu den Fluhen passen, die kleinen Felswände ergänzen und die Zwischenräume zwischen enormen Felsblöcken ausfüllen. Armando Donati schreibt in seinem Buch *Monti, uomini e pietre,* in Antrona herrsche eine eindrucksvolle und unbeschreibliche Atmosphäre, man müsse (von Maggia aus drei, vier Stunden lang) hinaufsteigen, stehenbleiben und sich in die Vergangenheit zurückversetzen.

Valle del Salto

124
125

Linke Seite:
Capela bela in Braia aus dem Jahre 1861.

Rechte Seite:
Kappelle mit Noah im Wald über Braia.

Es ist Mai. Ich sitze auf einer Schwelle, die Tür wurde schon vor langer Zeit aus den Angeln gehoben, und warte auf die Sonne, die das schwarze Gestein erhellt und den blühenden Ginster in Gold taucht. Eine Gottesanbeterin (Mantis religiosa) in Lauerstellung wartet geduldig auf Insekten, die sie mit ihren klappmesserartig zuschlagenden, bedornten Fangbeinen erbeutet.

IL PATRIARCA NOE'

Linke Seite:
Eine der Hütten von Böcc ist mit vier Meter langen Felsplatten gedeckt.

Rechte Seite:
Der Pianca – für viele der schönste See des Kantons.

Plötzlich kommt Leben in einen schwarzen Stock, und er entwischt behende ins Steinchaos einer längst abgerissenen Hütte. Es handelt sich um eine Natter (Coluber viridiflavus), die soeben ihr altes «Hemd» abgestreift hat. Diese lebhaften, flinken und ungiftigen Schlangen haben keine Augendeckel, ihre Augen schützt eine durchsichtige Schuppe, die bei der Häutung abfällt. So wird der Natter mit dem neuen Kleid auch ein neues Augenpaar beschert, und sie hat nie Sehprobleme!

Valle del Salto

Dann bricht endlich die Sonne hervor, und auf den Steinplatten der Dächer werden plötzlich feine, gegliederte Reliefstrukturen sichtbar. Ein eigenartiger Kontrast zu den schweren, massiven Granitplatten! Hinter den Hütten erstreckt sich das einladende Val di Laor. Nur schmale Wege führen auf den Gipfel des Pizzo Verde (1956 m). Überreste alter Pfade tragen den Wanderer ins Val di Coglio. Mich lockt jedoch ein Steg, den die Schafe abgegrast haben; er steigt nicht hinab, lotst mich unter dem Poncione Piancascia und dem Pizzo Dromegio vorbei, umwindet im Norden den Pizzo Costisc, schlingt sich dazu an den Hütten von Scimarmota im Verzascatal vorbei, die sich hinter grossen Felsbrocken verborgen halten, und führt mich zu einem der schönsten Tessiner Seen, dem Pianca (1915 m). Zu seiner Rechten eine verlorene Musiknote, der Masnee (2009 m). Der Pianca ist ein Traum oder eine liebliche Musik, die ich den Leser erahnen lasse...

Die harmlose,
aber reizbare Natter.

Linke Seite:
Hinter den Gesteinsbrocken verbirgt sich Antrona. Im Hintergrund das Val di Laor.

Rechte Seite:
Grüne Schluchten unter Maiasco.

Beim Abstieg auf der anderen Talseite ist der Weg gut rot-weiss markiert. Kaum hat man den See hinter sich gelassen, gelangt man nach Böcc (1837 m): Geröll und abschüssige Matten, eine seit Jahren verlassene Alpweide. Doch schon die erste Hütte erweckt Erstaunen. Ein Teil des Daches ist mit Felsplatten bedeckt, die mehrere Meter lang sind – ein unvorstellbarer Kraftakt unserer Vorfahren.
Dann kommen wir zur Alpe Deva (1556 m) unter dem Madom da Sgiof, nach Pioèe (1232 m), wo noch heute Kartoffeln angebaut, Baumnüsse geerntet und Kirschen gepflückt werden, und zur Brücke unter Maiasco, die den Rundgang durch das Valle del Salto erst ermöglicht. Und wieder grüne Buchten und Wasserfälle... Ein schöner Weg führt weiter durch Täler mit entzückenden Treppen bis zur Cappella della Pioda. Beim letzten Abstieg nach Maggia treffen wir auf eine ungewöhnliche Kapelle mit Jesus, der die Frau aus Samaria um Wasser bittet.

Valle del Salto

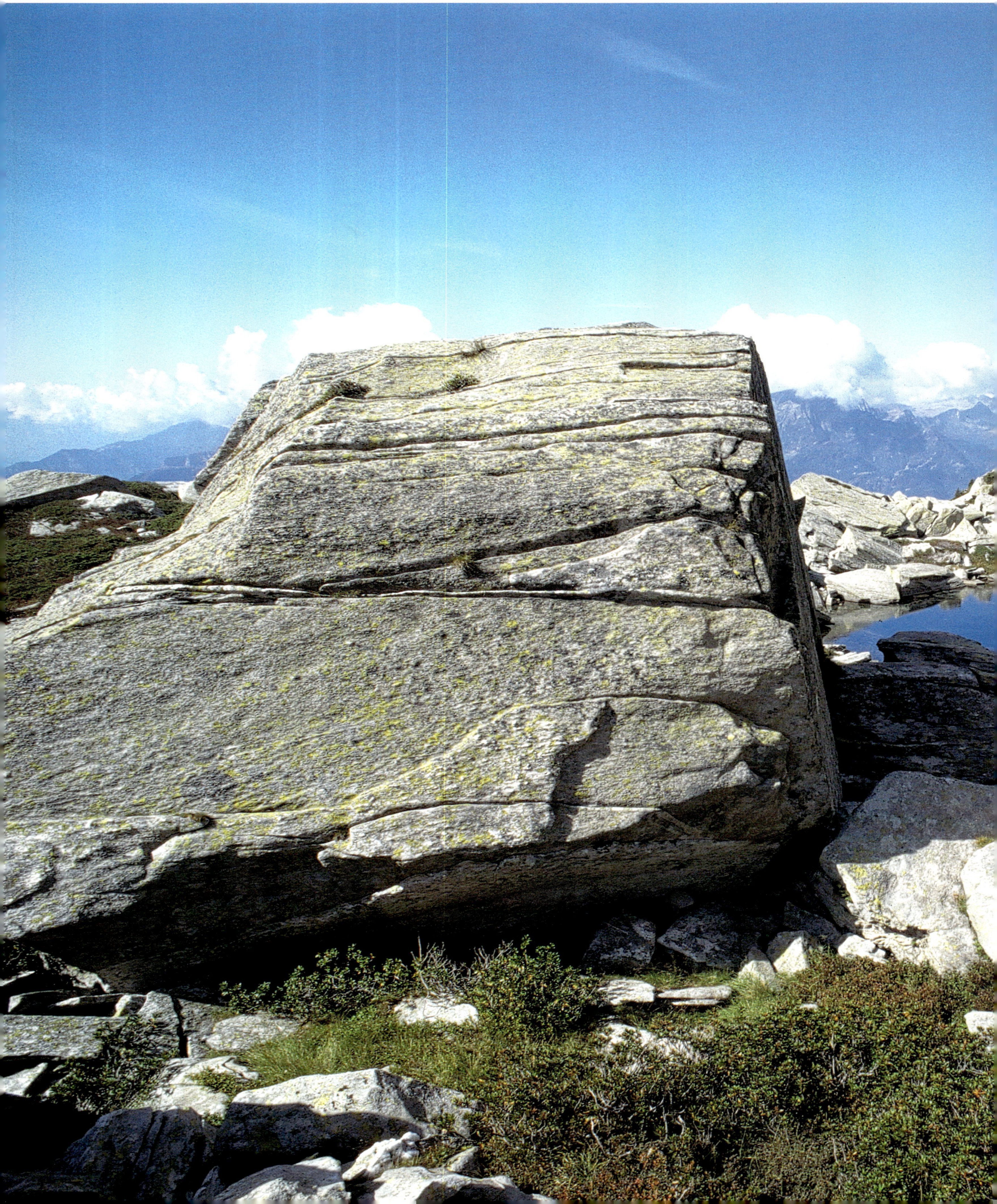

Der See von Masnee ist geradezu verschwindend klein.

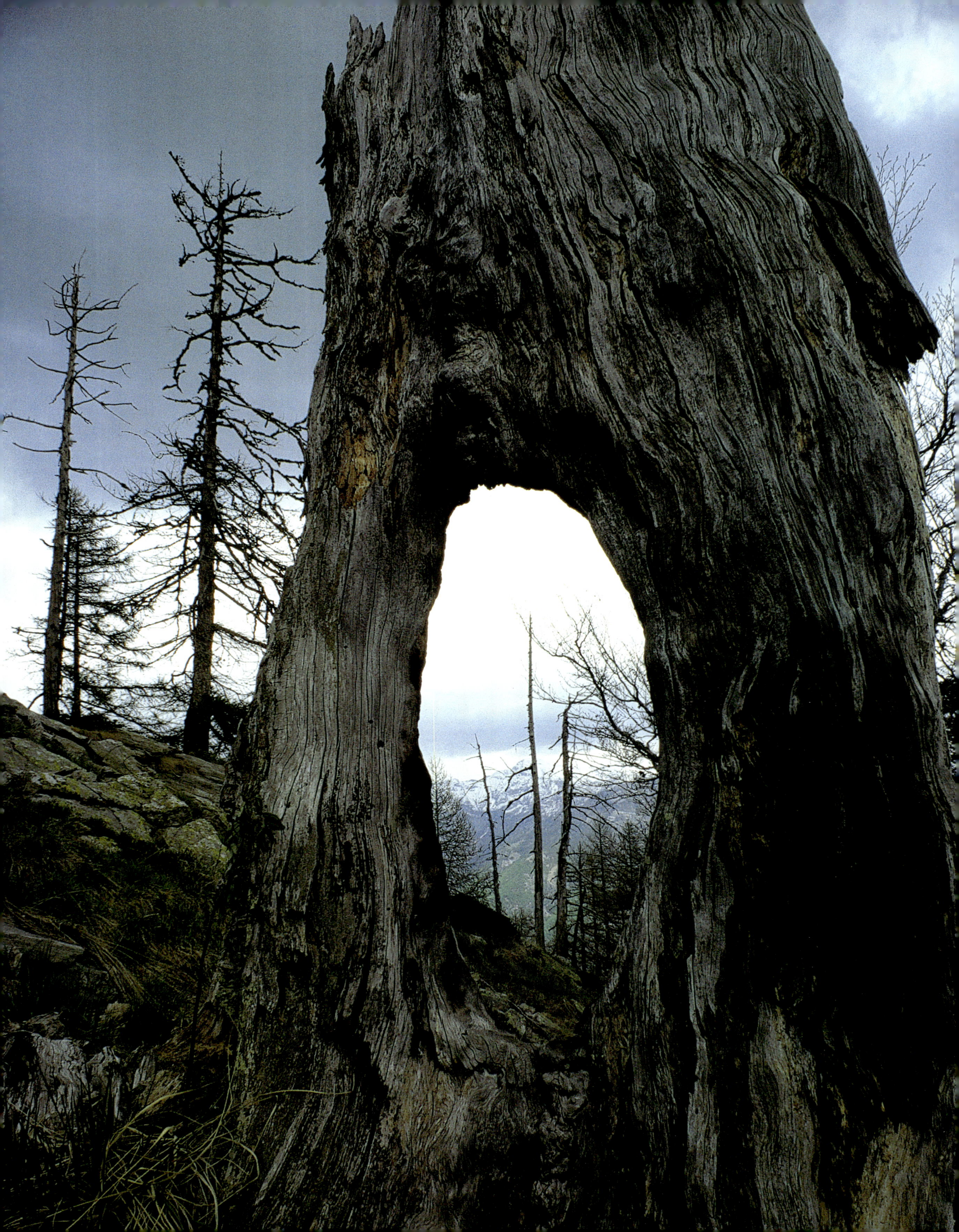

Valle di Lodano — Unter schwarzem Wolkenhimmel

valli dimenticate

Ich weiss nicht mehr, was mich dazu
bewogen hat, an einem bewölkten, ja gewittrigen
Maimorgen ins Valle di Lodano hinaufzusteigen.

Vorhergehende Seite links:
Blick durch einen
«ausgebrannten» Baum.

Vorhergehende Seite rechts:
Die Blindschleiche
ist auch auf Alpweiden
anzutreffen.

Wahrscheinlich bin ich aufgebrochen, weil ich der Ansicht bin, die Berge müsse man samt Wolken und schaurigen Gewittern geniessen. Um ehrlich zu sein – ich glaubte nicht, in diesem unbekannten Tal besonders viel Sehenswertes zu entdecken. Doch es wurde ein ausserordentlicher Tag voller Wunder und Farben.
Alle Wege sind gut markiert, und ich trete in den Wald zur Rechten des Rio di Lodano.

Kurz hinter der Cappella del Pedro dringt schwaches Licht durch das Laub hindurch und bringt ein kaleidoskopartig flimmerndes Helldunkel hervor, in dem alles, was da kreucht und fleugt, schwer zu beobachten ist. Eine Fledermaus – oder so schien es auf den ersten Blick – ist schwerfällig und langsam davongeflattert und mit der grauen Rinde eines alten, verwilderten Apfelbaumes verschmolzen. Doch beim Nähertreten erlebe ich eine Überraschung: keine Fledermaus, sondern ein Nachtfalter, das grosse Nachtpfauenauge (Saturnia pyri), mit seinen beinahe 20 cm Flügelspannweite der grösste Schmetterling Europas. In der Mitte jedes Flügels prangt ein Tupfen mit schwarzen, gelben und rosa Schattierungen. Diese Tupfen sehen aus wie die Augen einer Eule und dienen zur Abschreckung insektenfressender Vögel. Und es funktioniert!
Riesige alte Buchen, mit auffallenden weiss-roten Streifen verunziert, markieren den Weg. Einer wurde die Höhenangabe, 1090 m, in die Rinde eingekerbt. Die Vegetation unter den Buchen ist mickrig. Hier wächst fast gar nichts. Die Buche ist ein Egoist, sie will alle Nährstoffe der Erde für sich allein! Ihre Wurzeln bilden eigentümliche, fest in der Tiefe verankerte Knäuel, und weder Wind noch Wetter vermögen sie zu entwurzeln!
Doch dann, auf 1550 Metern, tauchen Lärchen auf, und der Pflanzenwuchs reichert sich mit Himbeeren, Heidelbeeren, Gräsern und Blumen an. Hier liegt die Alpe di Casgeira (1575 m) mit zwei Hütten, die auf die Täler Coglio und Giumaglio hinabblicken. Kaum verlasse ich den Tannenwald und setze meinen Fuss auf die ausgedehnte Weide der Alpe Canaa (1843 m), empfangen mich die schrillen Pfiffe der Murmeltiere.

Oben:
Alpe Casgeira und die
Berge der Täler Coglio und
Giumaglio.

Unten:
Der felsige Pizzo Cramolina
und das Gebälk einer alten
Hütte.

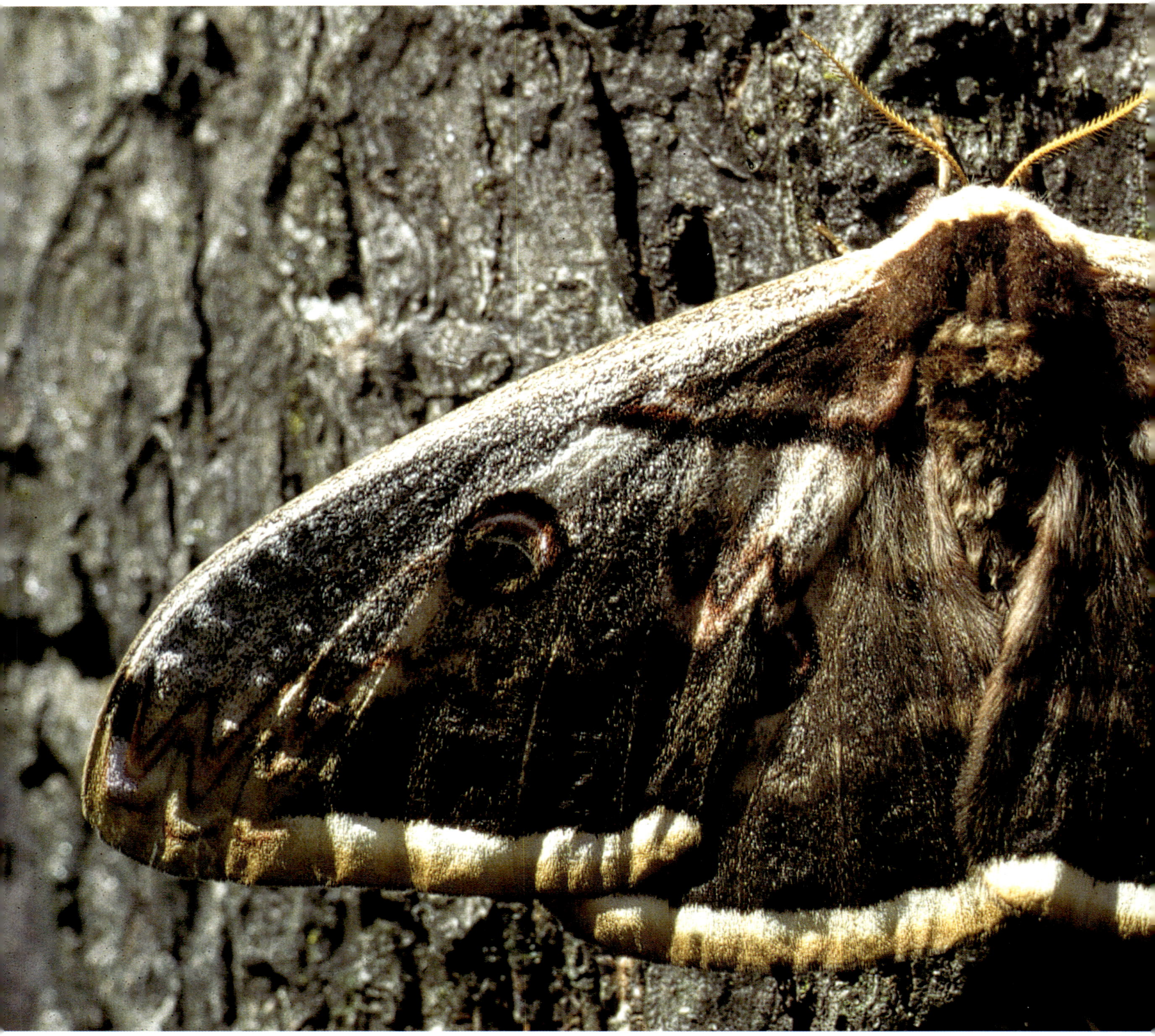

Grosses Nachtpfauenauge,
der grösste Schmetterling Europas.

Linke Seite:
Verschneiter See unter dem Pizzo Cramalina.

Rechte Seite:
Hinter der Alpe Canaa erhebt sich majestätisch der Pizzo Cramalina.

Doch die Warnrufe gelten nicht mir, sondern einem Adler, der über diesem wundervollen Amphitheater schwebt. Ich bilde mir ein, ich sei unentdeckt geblieben und könne den Adler aus der Nähe fotografieren. Doch noch hab' ich nicht einmal die Kamera ausgepackt, da ist der majestätische Raubvogel auch schon ein unscheinbares Pünktchen am Himmel...
Im vom Winter noch dürren und zerdrückten Gras krümmen sich aufgescheucht durch meine Schritte zwei Blindschleichen (Anguis fragilis). Mein Vater nannte diese ungefährlichen und nützlichen Echsen *Serpent da vedru* (Glasschlangen) und sah sie gern in seinem Garten, denn sie fressen Schnecken, Mäuse und Schädlinge.

Die Cime dei Güi, deren höchster Gipfel es auf stattliche 2246 m bringt, und der Pizzo Cramalina (2321 m) bilden mit ihren schroffen Wänden ein beeindruckendes, grasiges und wasserreiches Amphitheater um die Alpe Canaa herum. Und natürlich ist da auch ein See, wenn auch ein winziger, gerade unter der Wand des Cramalina.

Er liegt mitten in der Alpweide, die noch weiss ist vom frisch gefallenen Schnee. Es wäre schön, hier ein wenig zu verweilen und die Stille dieser Alp zu geniessen, doch das Unwetter, das sich über der Alpe Confeda und dem Passo della Bassa (1804 m) zusammenbraut, treibt mich zur linken, ruhigeren Talseite. Etwas später vernehme ich ein seltsames Grollen, doch es klingt eigentlich nicht wie Gewitterrollen. Unter mir erblicke ich die herrliche Anhöhe mit der Alpe di Pii (1607 m) und zwei schönen Hütten.

Und da sind auch die Urheber des glucksenden Geräusches: drei stattliche Birkhähne (Tetrao tetrix), deren weisse Federn einen schönen Kontrast zum schwarzen, leierförmigen Schwanz bilden. Sie stehen sich drohend gegenüber. Doch das Unwetter naht, und so müssen sie ihren Balztanz unterbrechen. Ein paar rasche, laute Flügelschläge, und sie verschwinden immer noch laut glucksend zwischen den Lärchen. Auf der Alpe di Pii steht eine Hütte auf einem Felsen, der von weissen, gelben und rosaroten Quarzstreifen durchzogen ist – Farben, die im bleiernen Himmel besonders deutlich hervortreten. Ich steige weiter bergab. Zwischen der Alpe di Pii und Zucchero (1648 m) erstrahlt noch ein kleiner, von Lärchen umsäumter See, Spiegel des nun pechschwarzen Himmels, in seiner ganzen wild-düsteren Schönheit.

Und dann hinunter in einen anderen Buchenwald bis Sassalp (1181 m): vier Hütten auf einer schönen grasbewachsenen Anhöhe. Doch die Zeit drängt, und ich muss hinab nach Lodano mit der neugewonnenen Überzeugung, dass ein schönes Tal auch unter bedrohlich schwarzem Wolkenhimmel schön ist.

Alpe di Pii: Hütte auf einem farbenprächtigen Quarzfelsen.

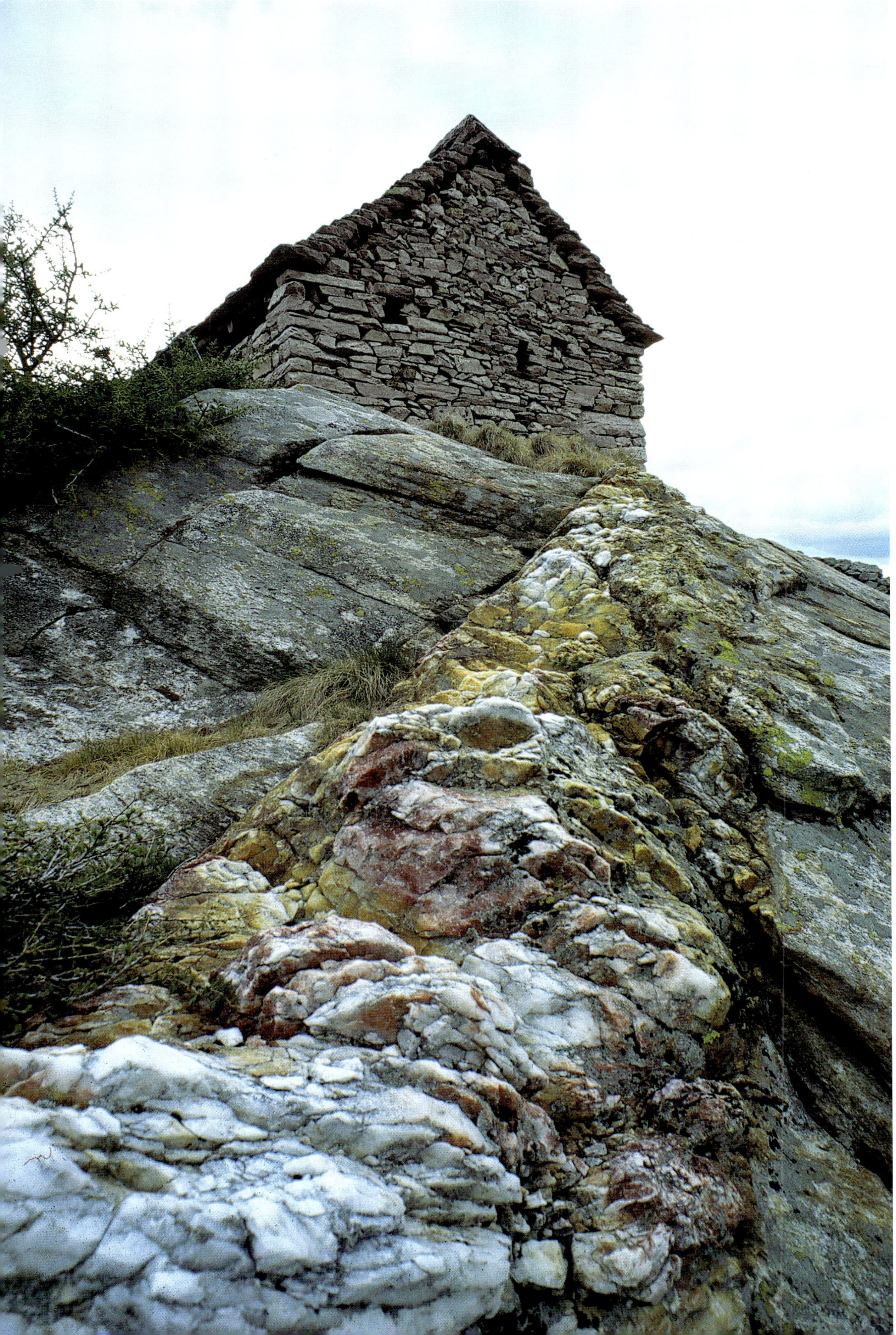

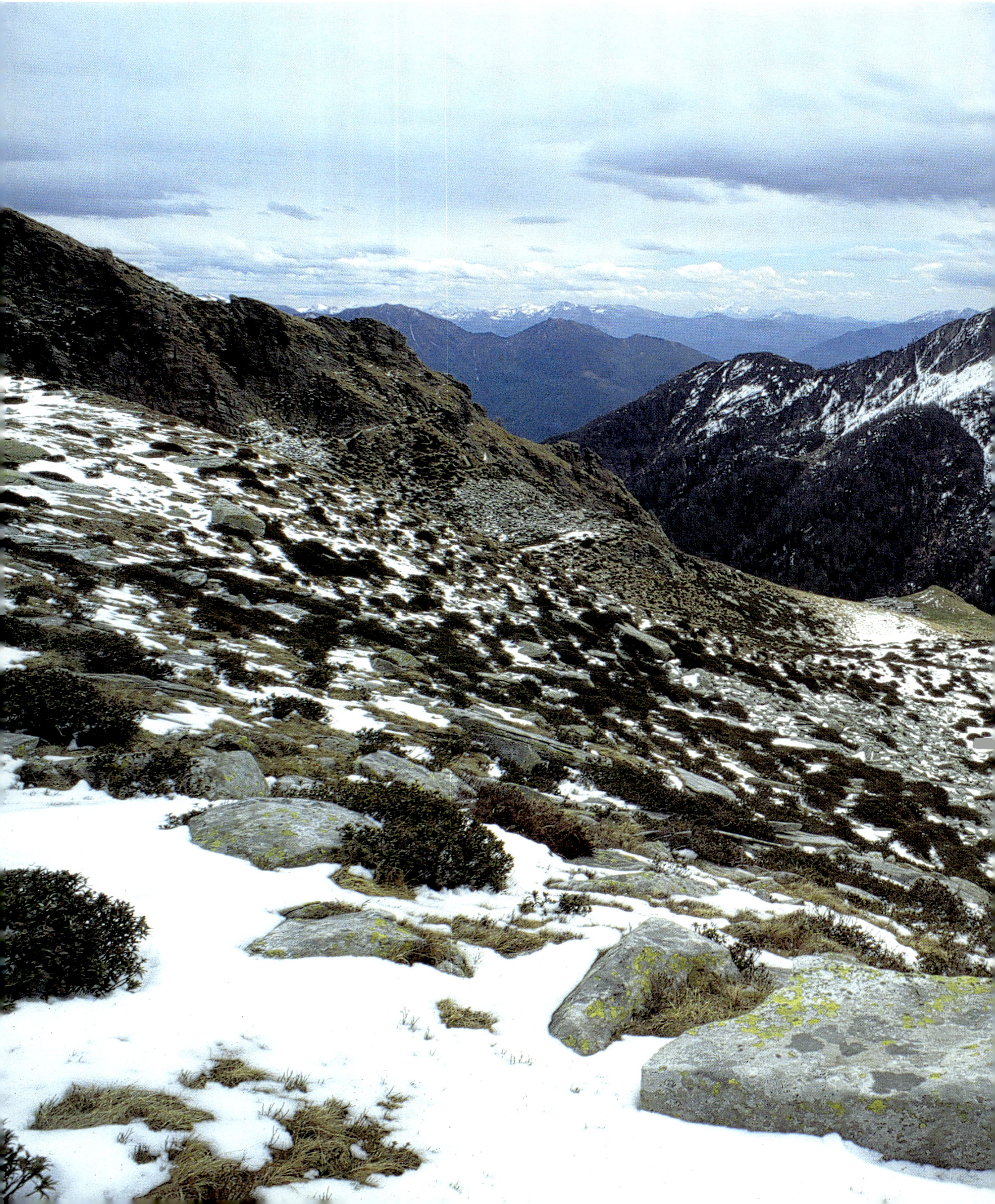

Alpe di Canaa
mit dem Pizzo Peloso.

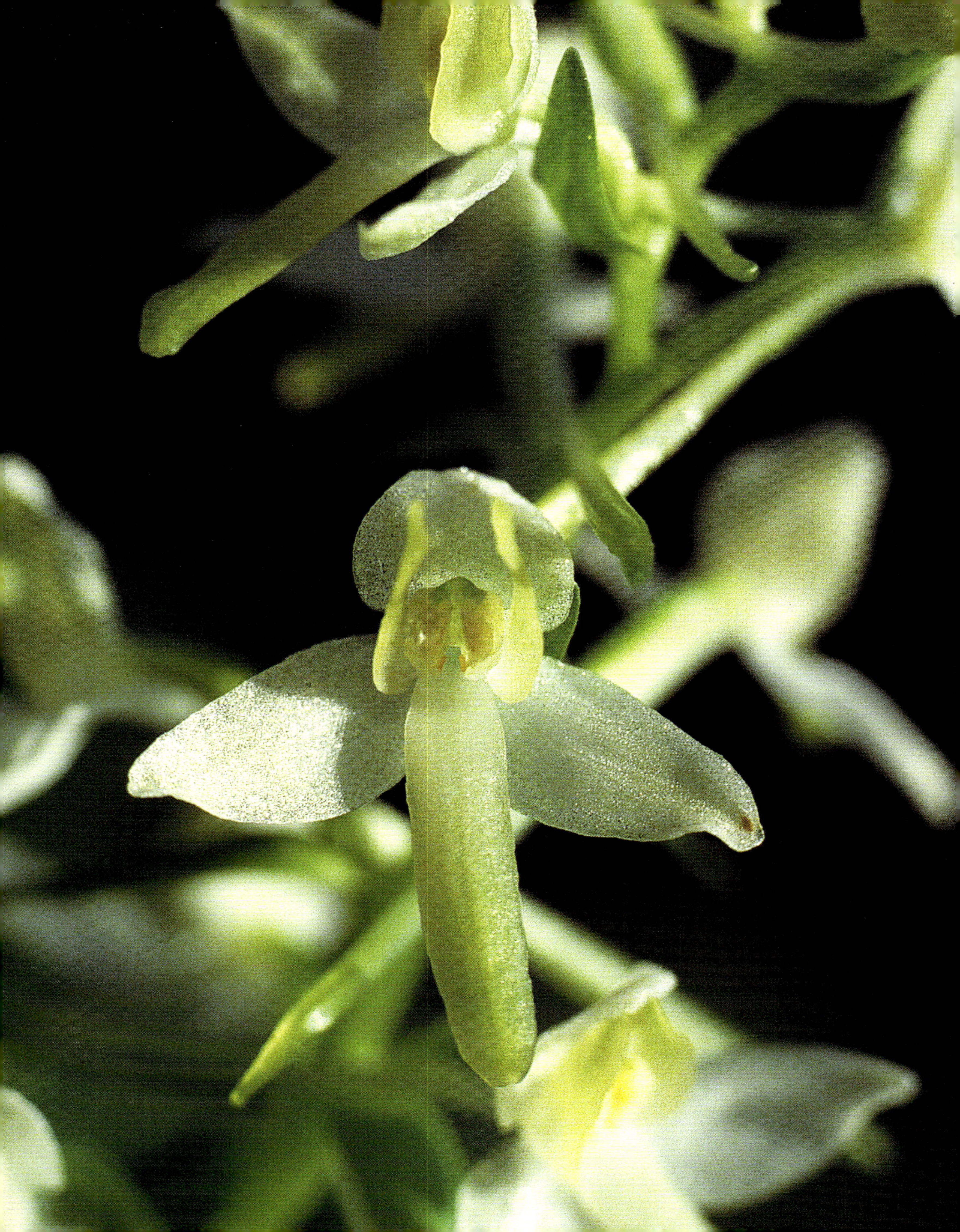

Valle di Arnau   Ein Traum am Corte del Pezz

valli dimenticate

Ein wenig unterhalb von Niva
im Val di Campo überspannt eine alte Steinbrücke
die Rovana und führt nach Frankreich.

Vorhergehende Seite links:
Grosses Zweiblatt,
ein Orchideengewächs bei
der Alpe di Arnau.

Vorhergehende Seite rechts:
Schnittlauch ist in den
Bergen häufig anzutreffen.

Unten:
Zerborstene Felsen am Weg
ins Valle di Arnau.

Rechte Seite:
Der Zwerg-Wacholder räkelt sich auf
sonnenbeschienenen Steinen.

Eine andere kleine Brücke, diesmal aus Holz, versinkt im Weiss eines Birkenwalds. Nur zwei Worte «Lago Arnau», in oranger Farbe auf einen schwarzen Stein gepinselt, weisen den Weg, der stellenweise zwischen den Steinen verschwindet und zum Corte del Pezz führt. Nur hie und da markiert eine kleine Trockenmauer, die aus dem hohen Gras hinausragt, den Rand einer saftigen Wiese und den Weg, den es zu beschreiten gilt.

Der Mensch lebt seit vielleicht tausend Jahren in den Krümmungen dieses Tals. Seit jeher versuchte er das Gebiet zu verändern, aber nur gerade so stark, wie es sein eigenes Überleben erforderte.
Der Charme des Tales liegt nicht nur in den beiden Seen von Arnau – einer davon, ganz oben im Tal, ist winzig –, oder im Flug des Königsadlers, sondern vor allem in den Kunstbauten, den kleinen Holzgattern und den langen, unendlich scheinenden Treppen. Und dann die schönen Hütten. Spuren der Alpwirtschaft, als gebe es das einstige Leben noch, zwischen diesen alten Steinen und dem dürren Holz, die dem Wanderer von den unermesslichen Mühen bei der Schaffung eines Durch-

gangs am sehr steilen Hang der Fümigna erzählen: eine natürliche Barriere von 500 Metern Höhe, in die der Alphirte seinen Weg Stufe für Stufe direkt in den Felsen gehauen hat. Und heute ist der Berg dabei, den Weg langsam aber sicher wieder zurückzuerobern.

Nach einem einstündigen Aufstieg zwischen üppig wachsendem Sonnentau, der das letzte freie Fleckchen Erde zu überwuchern trachtet, gelangt man zur Alpe di Arnau. Schön wie eh und je! Wer im August oder spätestens anfangs September hierherkommt, findet eine willkommene und schmackhafte Überraschung: ein wahres Dickicht von Heidelbeeren. In dem endlosen Wald oberhalb der Hütten habe ich mich sogar verirrt, doch die Schlemmerei war es wert.

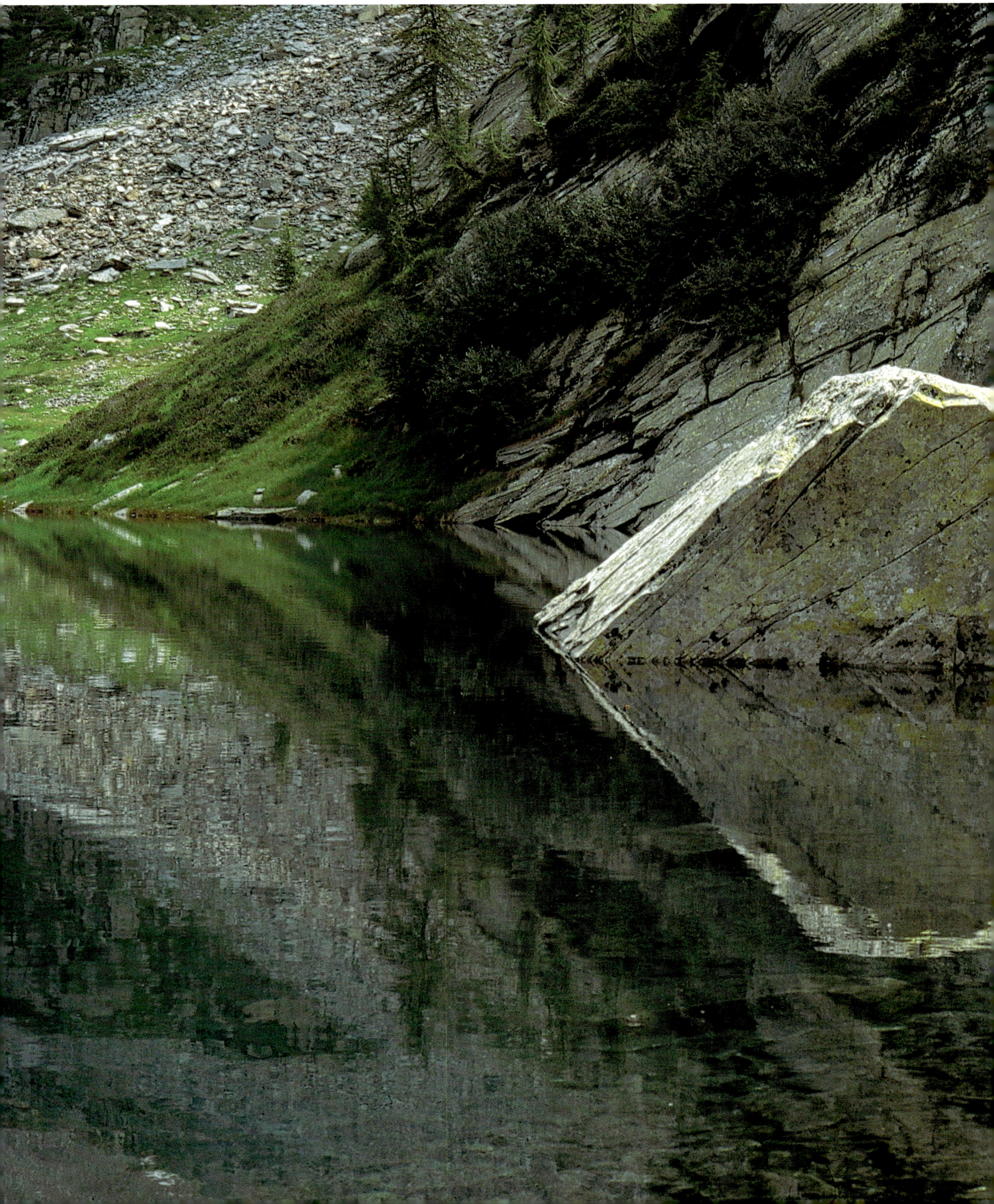

Der See von Arnau
und sein Spiegel-Zauber.

Linke Seite:
Harmonisch fügen sich
die Hütten am Corte del Pezz
in die Landschaft.

Rechte Seite:
Stufen über Stufen:
bald hat die Natur wieder
aufgeholt.

Als ich dann den Blick gen Osten hebe, ruft mir der schöne Gipfel des Rosso di Ribia das Ziel meiner Wanderung, den See des Corte del Pezz, wieder in Erinnerung. Mit violetten Lippen und Fingern, aber reichlich satt, nehme ich den Weg wieder auf; beschwerlich ist er, wie er da durch das Geröll eines Erdrutsches verläuft, der sich vor langer Zeit vom Om Cupign gelöst hat.

Zahlreiche Ginsterbüsche mit ihrem Überfluss an Beeren strecken und recken sich mühsam, um über die sonnenbeschienenen Steine herauszuragen. Die Murmeltiere pfeifen, und die Steinböcke lugen über den Felsvorsprüngen hervor. Dort oben sind sie in Sicherheit, doch sie möchten jeden Eindringling im Auge behalten. Verschiedene bunte Pflanzen wie Gold-Pippau (Crepis aurea), Gestreifter Seidelbast (Daphne striata), Alpenrose (Rhododendron) und Stengelloses Leimkraut (Silene acaulis) umkränzen den reizenden See vom Corte del Pezz.

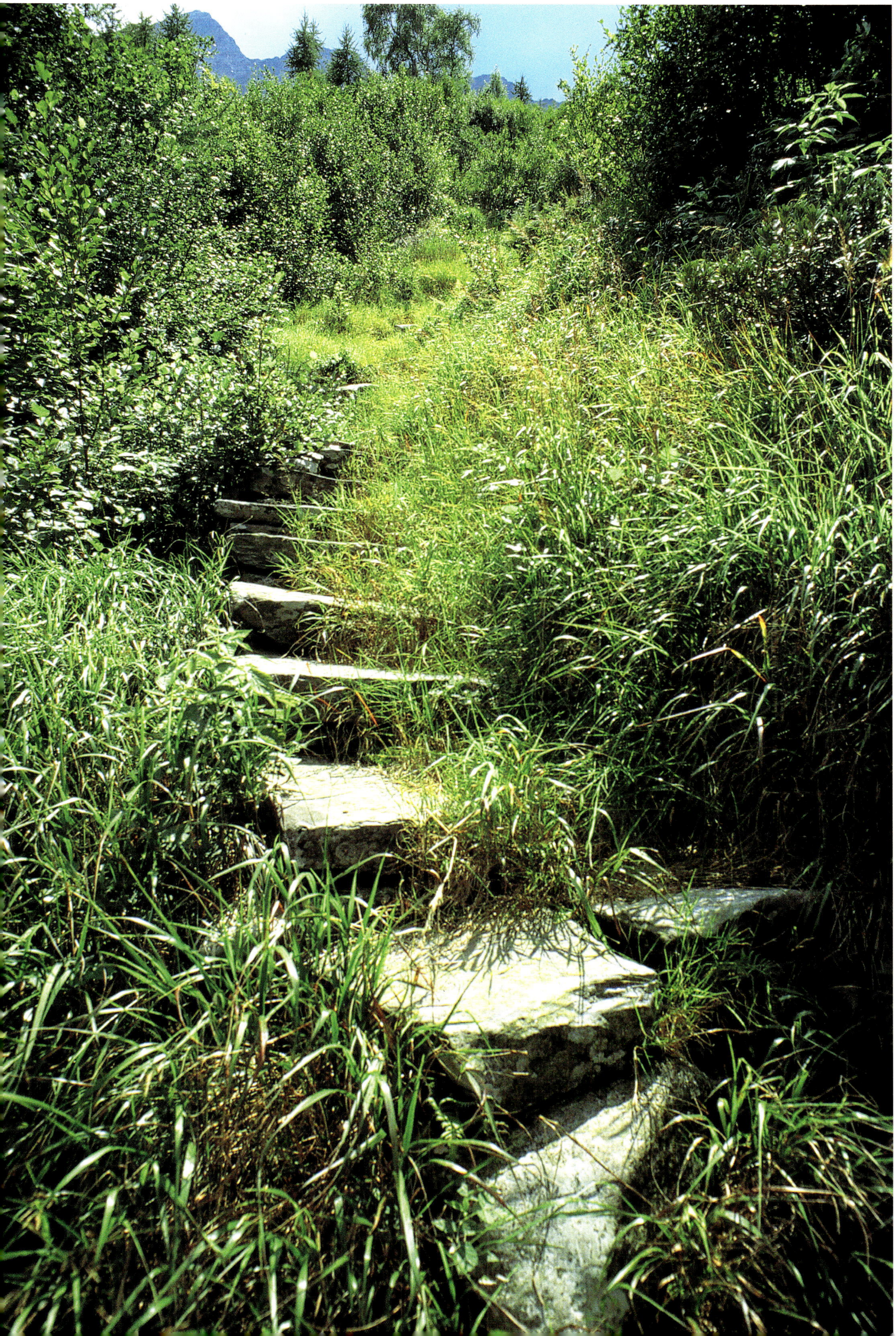

Ein paar Büschel Alpen-Vergissmeinnicht (Myosotis alpestris) und Braun-Klee (Trifolium badium) da und dort auf den Hängen zum Rosso di Ribia zeugen davon, das dies einst gutes Weideland war...

Ein merkwürdiger Felsen spiegelt sich im blauen Wasser, wo er aussieht wie ein Herz. Grosse Insekten, goldschimmernde Laufkäfer (Carabus auronitens), verkriechen sich unter den Steinen, während einige Spinnen bei jeder Erschütterung des Bodens, bei jedem meiner Schritte die Flucht ergreifen.

Ein runder, gestreifter Felsblock erinnert an die Jahrhunderte währende Herrschaft der Gletscher. Nur wenig unterhalb des Sees, beinahe versteckt in einer freundlichen Mulde zwischen den zerklüfteten Felsen, liegt der Corte del Pezz. Er wirkt wie ein Traum, heraufbeschworen vom Zauberstab einer Fee. Auf dem Weg dahin verwandeln sich die Felsen des Berges plötzlich in Stufen, Hütten, Trockenmauern, Steindächer...

Das klare, silberne Wasser eines Baches, der zwischen den Hütten des Corte daherhüpft, verleiht dem Ort einen besonderen Zauber. Schliesst man die Augen und lässt die Phantasie walten, so sieht man barfüssige Kinder umherquirlen und weisshaarige Greise die Sonne geniessen.

Linke Seite:
Der See vom Corte del Pezz
vor dem Rosso di Ribia.

Rechte Seite:
Gatter am engen
Durchgang auf dem Weg
ins Valle di Arnau.

Doch das jähe Glockengeläut eines flüchtenden Schafes führt uns das harte, anstrengende Leben vor Augen, das einst den Alltag auf der Alp prägte. Warum wird solch ein wunderbarer Ort aufgegeben und dem Zahn der Zeit überlassen? Auf den Balken, die unter dem grossen Gewicht der Steinplatten auseinanderzubrechen drohen, und auf den Brettern, aus denen die alten Lager zusammengehämmert waren, sind Namen von Männern eingekerbt, die hier gelebt haben, steht das Leben des Alphirten von einst, stehen seine Freuden, Ängste und Sehnsüchte für immer geschrieben... Aber die losen Dächer fallen auseinander, die Steinplatten purzeln herab, das Holz zerbricht. Wie die Runzeln im Gesicht eines Greises, der am Ende seiner Tage angelangt ist. Es ist Winter, und kein Frühling wird kommen. Auch im schöner Corte del Pezz nicht.

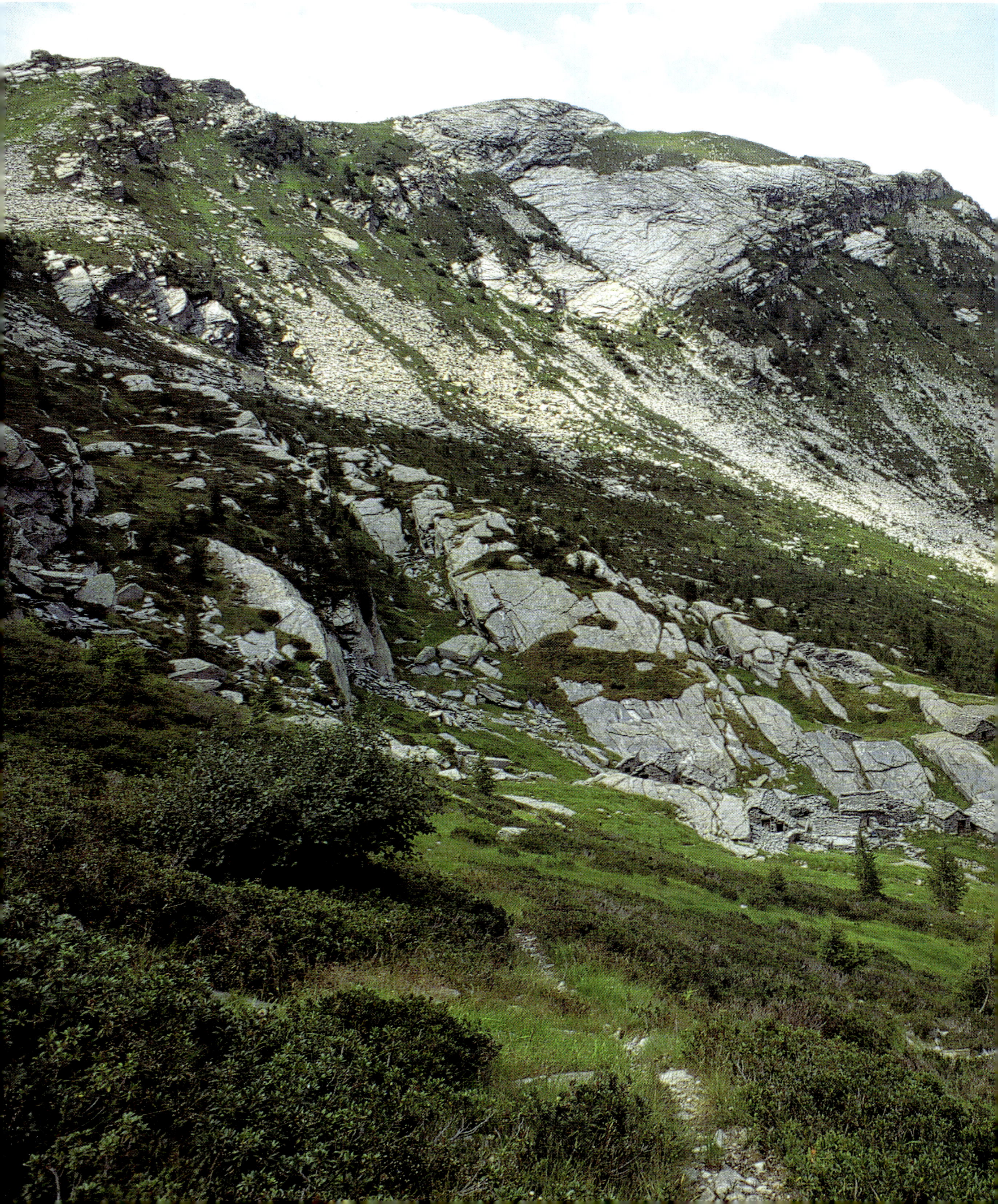

Die Hütten des Corte
del Pezz gehören zum Berg.

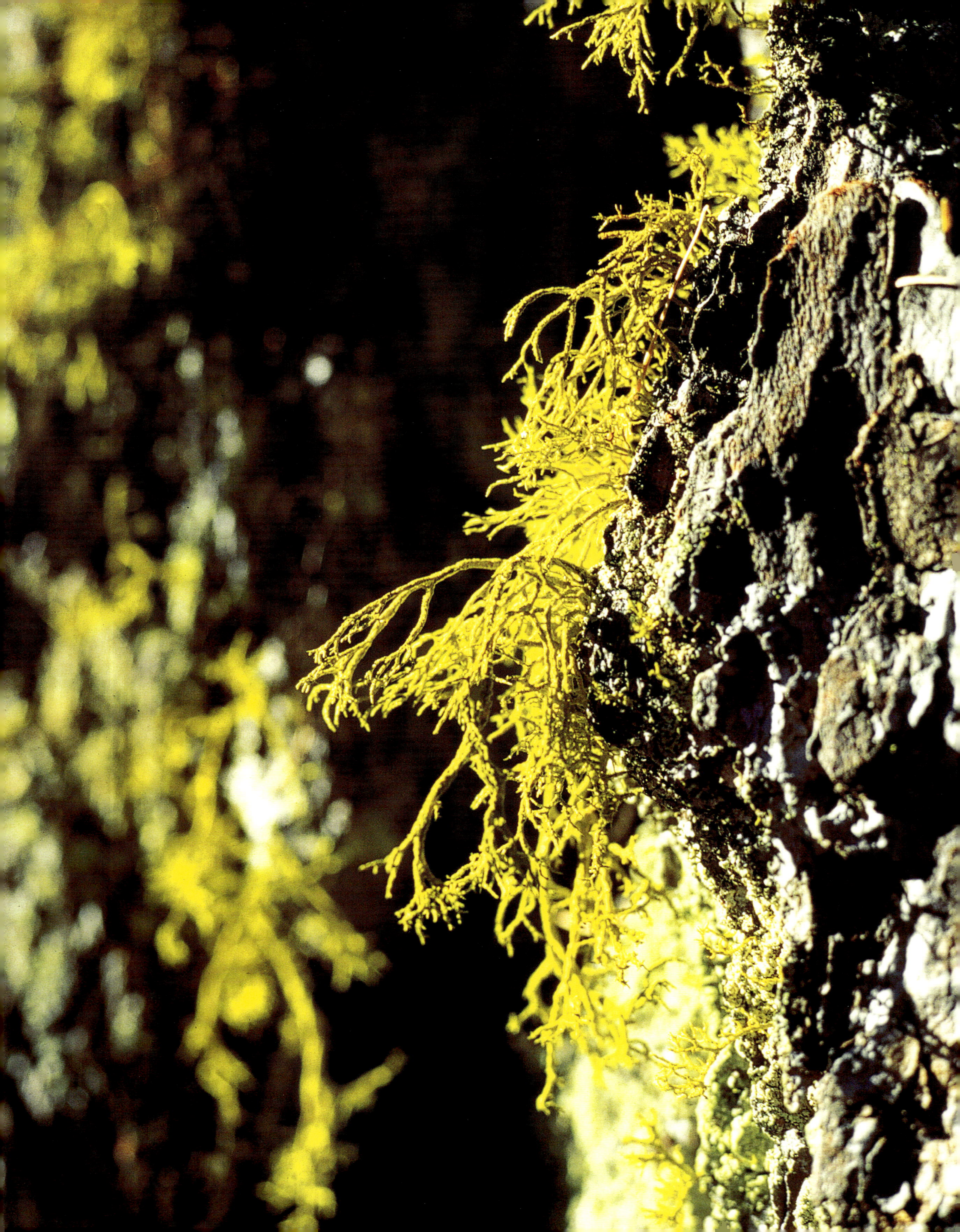

Bedu (Val Bavona) Wohin der Hunger dich treibt

valli dimenticate

Im Tessin gibt es Täler, die so unwegsam
und wild sind, dass es niemandem auch nur in den
Sinn käme, sich dort hineinzuwagen.

Vorhergehende Seite links::
Eine giftige Flechte wuchert auf der Rinde der Lärchen.

Vorhergehende Seite rechts:
Deutscher Enzian mit zahlreichen fünfzipfligen Blüten.

Und doch, einst mussten die Menschen sogar darin wohnen, wenn sie überleben wollten... Von den Hängen des Pizzo Paraula (2282 m) im Val Bavona fliessen zur Linken des Val di Larecchia in Richtung Westen zwei Rinnsale, die im Sommer fast immer ausgetrocknet sind, sich aber nach einem einfachen Platzregen in schäumende, gefährliche Sturzbäche verwandeln. Zwischen diesen zwei Tälern, «zwischen den Klammen und Abgründen, die der Liebe Gott auf dem Land von Mondada vergessen hat, (...) stehen die drei corti [Stadel] des Bedu. Heute scheint es unglaublich, dass Menschen aus Not dazu getrieben wurden, den gesamten Sommer wie Zwangsarbeiter in einer so widrigen Umgebung zu verbringen, wo es kaum Gras noch Wasser gibt, dafür Erdstürze, Kluften, dichtes gefahrvolles Buschwerk in rauhen Mengen». (Plinio Martini)

Diese «Alp des Hungers» heute zu sehen ist nicht einfach. Oft muss man innehalten und sich auszumalen versuchen, wo der mutige Hirte von einst einen Weg gefunden, geschaffen hat... Übriggeblieben ist eine Treppe auf rund 1000 m, die sich an den Felsen schmiegt; es ist der Pass d'la Zandela, der in ein abschüssiges kleines Tal führt, das vollständig aus wackeligen Steinen besteht. Eine jahrhundertealte Trockenmauer und eine Treppe verschwinden in einem verworrenen Wald. Früher gelangte man auf diesem Weg zur Cugliata, zu einer Weide und einer Hütte auf einem Felsvorsprung.

Nach Überklettern des Mauerwerks, das die Erde zurückhielt, damit ein paar Grasbüschel mehr zur Verfügung standen, steigt man im Bachbett bis unter die Felsen auf. Hinter einer letzten alten, aber nicht sehr grossen Buche findet man dann den Pfad, ein Sims auf einem steilen Hang mit Gras, Haselnusssträuchern, vereinzelten Birken und ein paar Eichen. Stufen, andere Strukturen, Einschnitte in der Felswand... Manchmal hat man das Gefühl, über dem Abgrund zu schweben. Bevor man die Umschliessungsmauer, eine kleine Wiese und die beiden Hütten des Corte di Mezzo der Bedu (1467 m) erreicht, kommt man an einer Stelle vorbei «die so schwierig ist, dass man sich kaum vorstellen kann, wie Kühe sie bewältigen konnten: Heute ist sie für einen guten Bergsteiger schwierig und gefährlich». (Plinio Martini)

Lässt man die Augen umherschweifen, so entdeckt man nur unpassierbare Kluften. Weiter unten, zur Linken, gewahrt man eine herrliche Terrasse mit schönen Hütten; der Munt di Bei oder Monte di Dentro (1311 m), der zur Alpe Paraula gehört, bildet eine malerische Ausnahme in dieser wilden und unwirtlichen Gegend.

Nach einem mühelosen Aufstieg von fünfzehn Minuten erreicht man den Corte di Cima, der auf 1602 m liegt. Wir entdecken eine schöne Hütte, die heute vielen Gemsen und manchem Jäger Zuflucht bietet. Doch allmählich gewinnen auch hier die Harzbäume die Oberhand.

Auf der Rinde einiger alter Lärchen wächst eine leuchtend gelbe Flechte, die Letharia vulpina. Es handelt sich um die einzige giftige Flechtenart Europas, und ihr Verzehr ist für den Menschen tödlich. In Skandinavien und Sibirien wird sie noch heute zur Herstellung giftiger Wolfsköder benutzt.

Olimpio Dalessi, Alphirte von Fontana, besass ein Nutzungsrecht, hat davon aber nie Gebrauch gemacht. Nur einmal ist er hinaufgestiegen, hat Gras gemäht, es die Kluften hinuntergeworfen, es dann aufgesammelt und in der Kratte zu Tal getragen; es war ein ausserordentliches Jahr, in dem grosse Dürre herrschte. «Wer Hunger hat, dem ist nichts zu schwierig», sagte er zu mir.

Oben:
Dramatische Aufzeichnungen
eines Jägers.

Unten:
Jahrhundertealtes Dach
und Fachwerk.

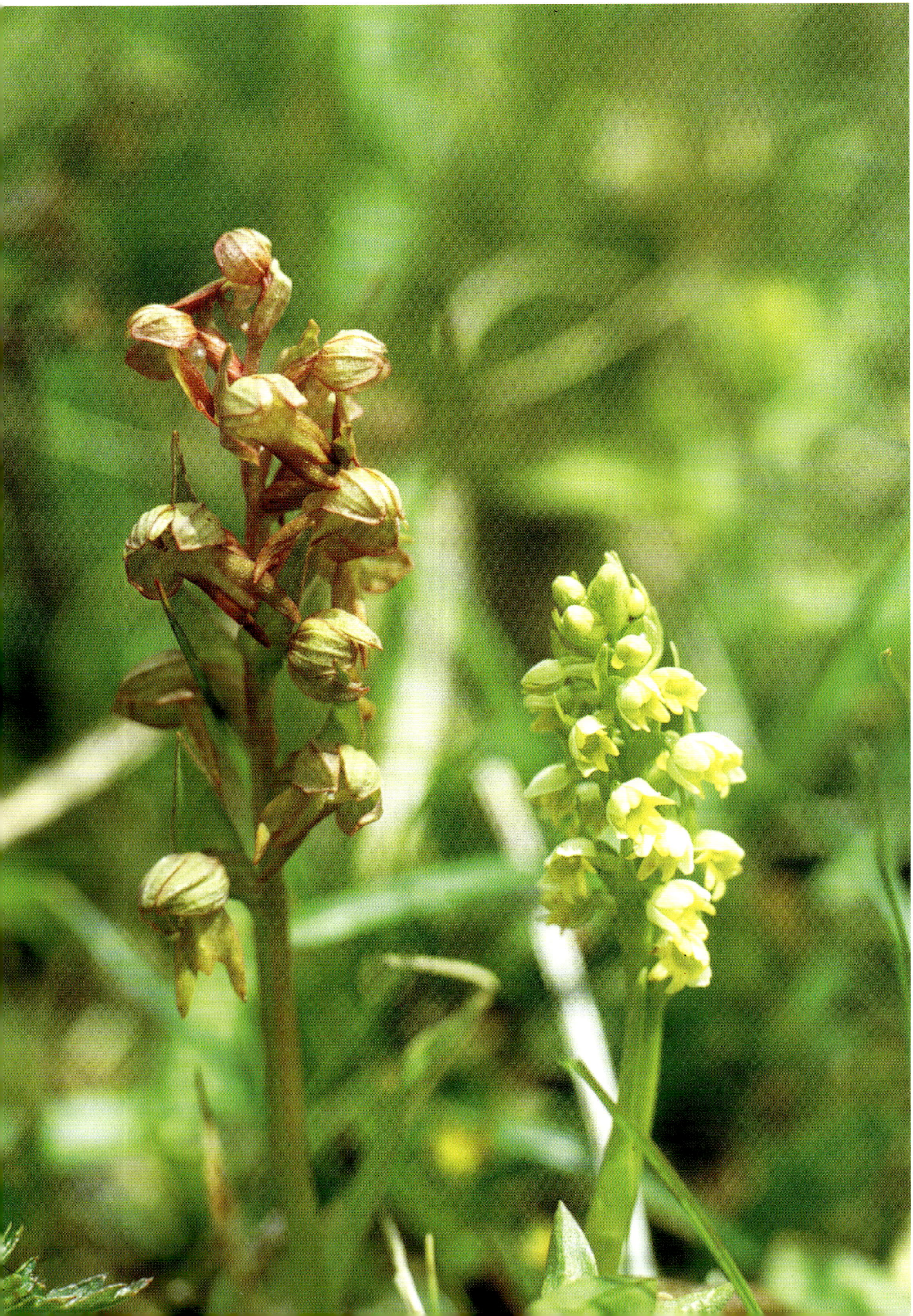

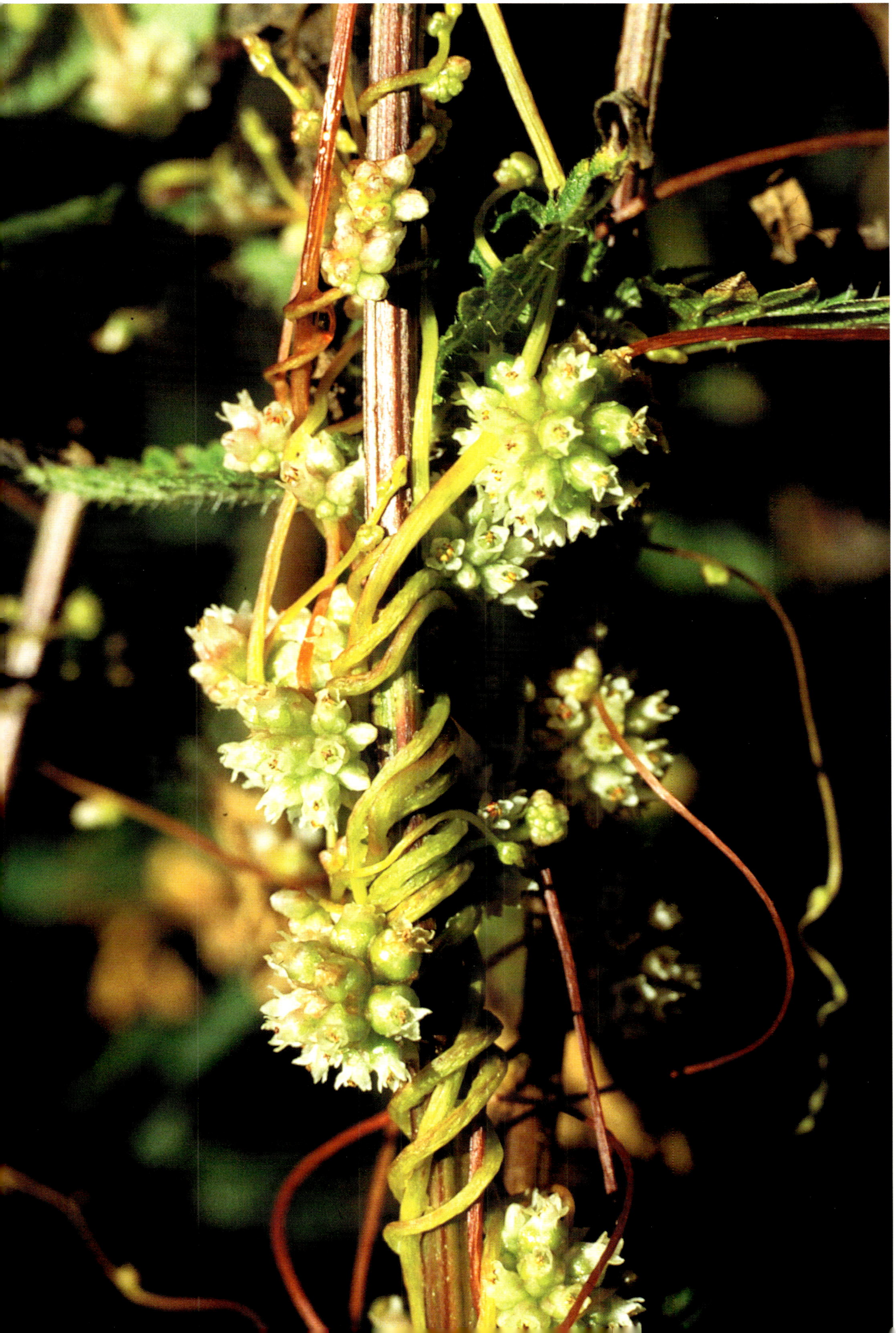

Vorhergehende Seite links:
Hohlzunge und Weissorchis,
Alpenorchideen.

Vorhergehende Seite rechts:
Die Seide, eine fadenbildende
Schmarotzerpflanze.

Unten:
Corte di Mezzo mit seiner
winzigen Weide.

Rechte Seite:
Felsen und Bäume im morgendlichen Strahlenmeer.

Und doch finde ich am Corte di Mezzo noch verschiedene Pflanzen, die eine Alpweide charakterisieren, auch wenn die Alp schon seit Jahrhunderten verlassen ist und die Vegetation längst hätte verwildern müssen. Besonders erstaunt bin ich über die Entdeckung einer wahren Mörderpflanze, die zwischen den Hütten unserer Alpweiden wuchert. Doch wo Brennesseln sind, ist auch sie. Ich spreche von der Seide (Cuscuta europea), ein nicht alltäglicher Schmarotzer ohne Wurzeln, ohne Blätter und ohne Chlorophyll. Alles reinster Luxus! Die Seide besteht nur aus einem rötlichweissen Faden, der sich spiralförmig um das Opfer schlingt und es mit winzigen Saugnäpfen anzapft. Oftmals gelingt es ihr, ein verworrenes Netz zu spannen, das für die Wirtspflanze zu einer tödlichen Falle wird. Und bei alledem treibt sie sogar Blüten! Die Samen dieser Vampire des Pflanzenreichs können jahrelang überleben, ohne aktiv zu werden. Doch wenn sie keimen, dann treiben sie einen fadenförmigen Stengel, der sehr schnell wächst und dabei leicht hin- und herschwingt. (Im örtlichen Dialekt wird diese Pflanze als strozzaortiigh bezeichnet, was in etwa mit «Nesselwürger» zu übersetzen wäre.)

Trotz der wilden und scheinbar ärmlichen Umgebung erfreuen mich bei meinem Besuch Ende Juni verschiedene Alpenorchideen und Enziane.

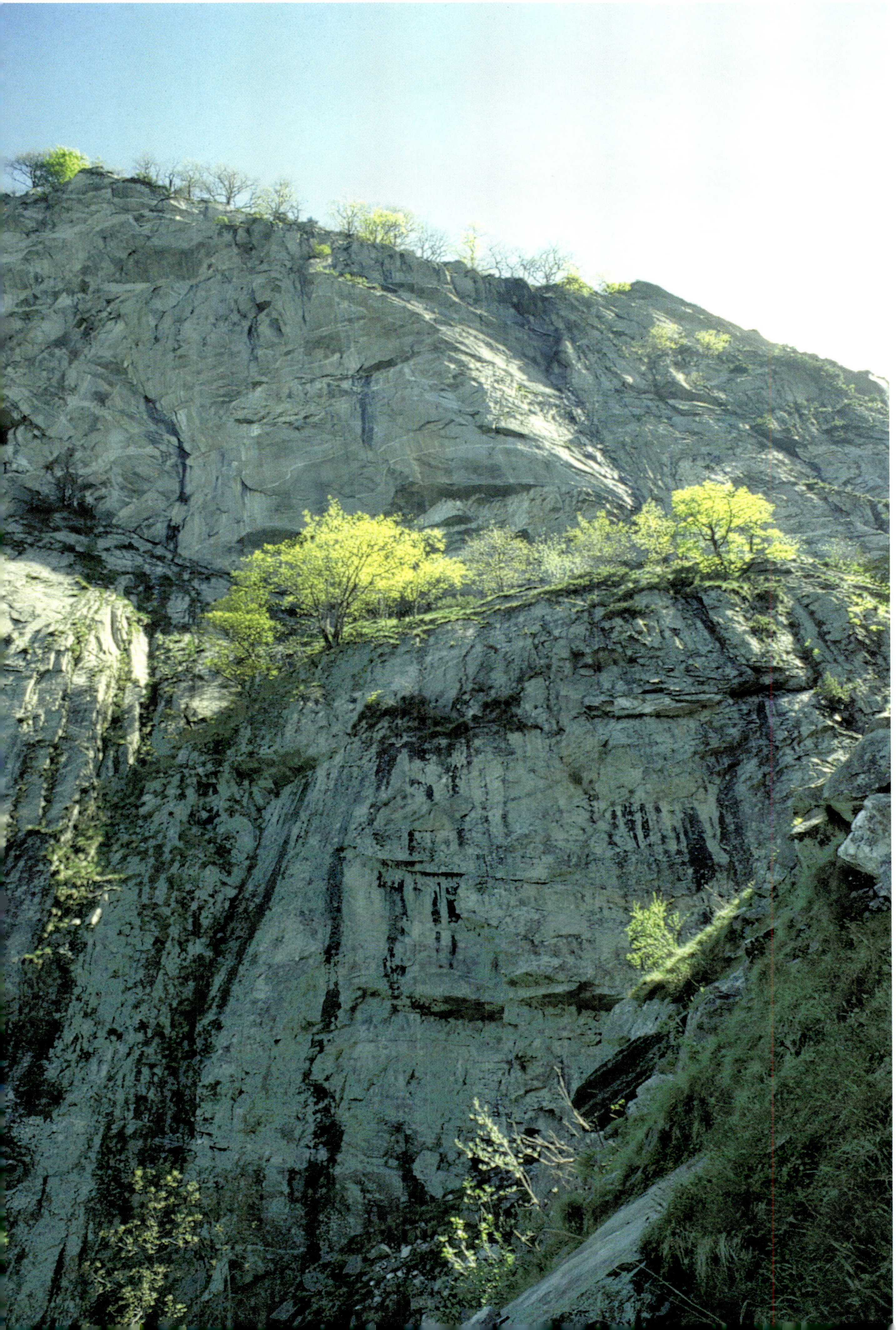

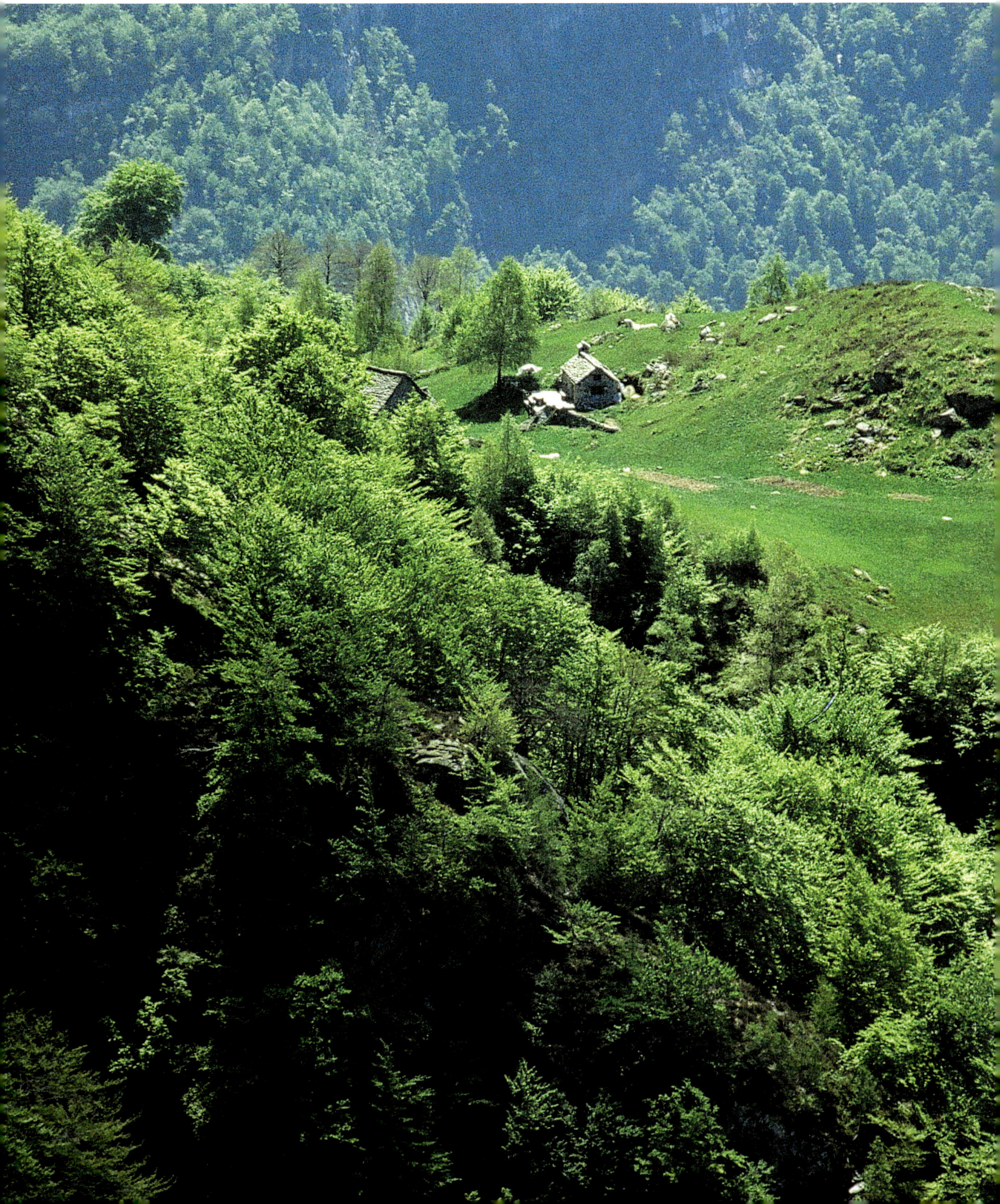

Blick von Bedu
auf die Mont Bei.

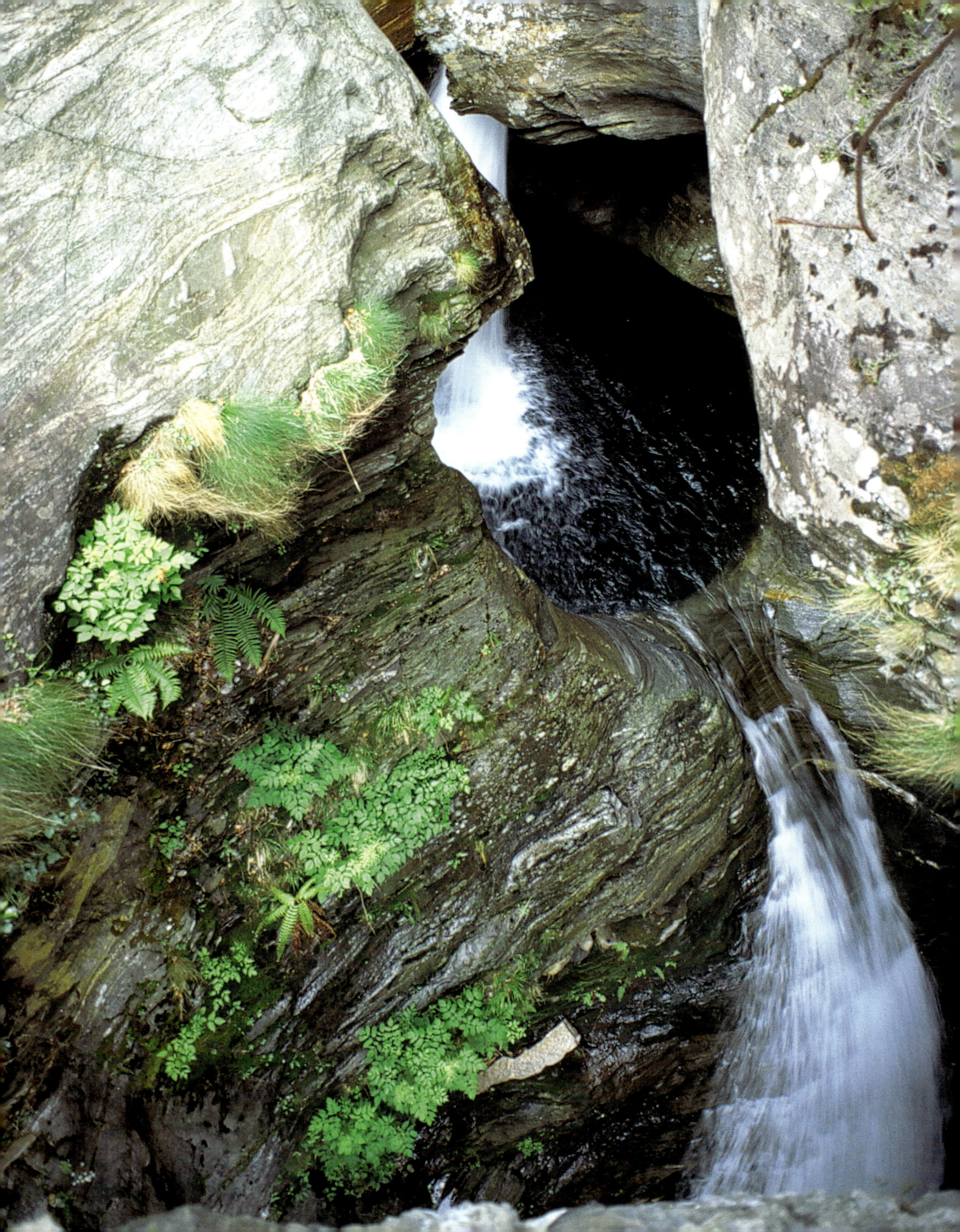

Valle Cocco   Im Schatten einer einsamen Tanne

Um ins Valle del Cocco zu gelangen,
muss man eine historische Brücke überqueren,
und zwar den Ponte della Merla (560 m), …

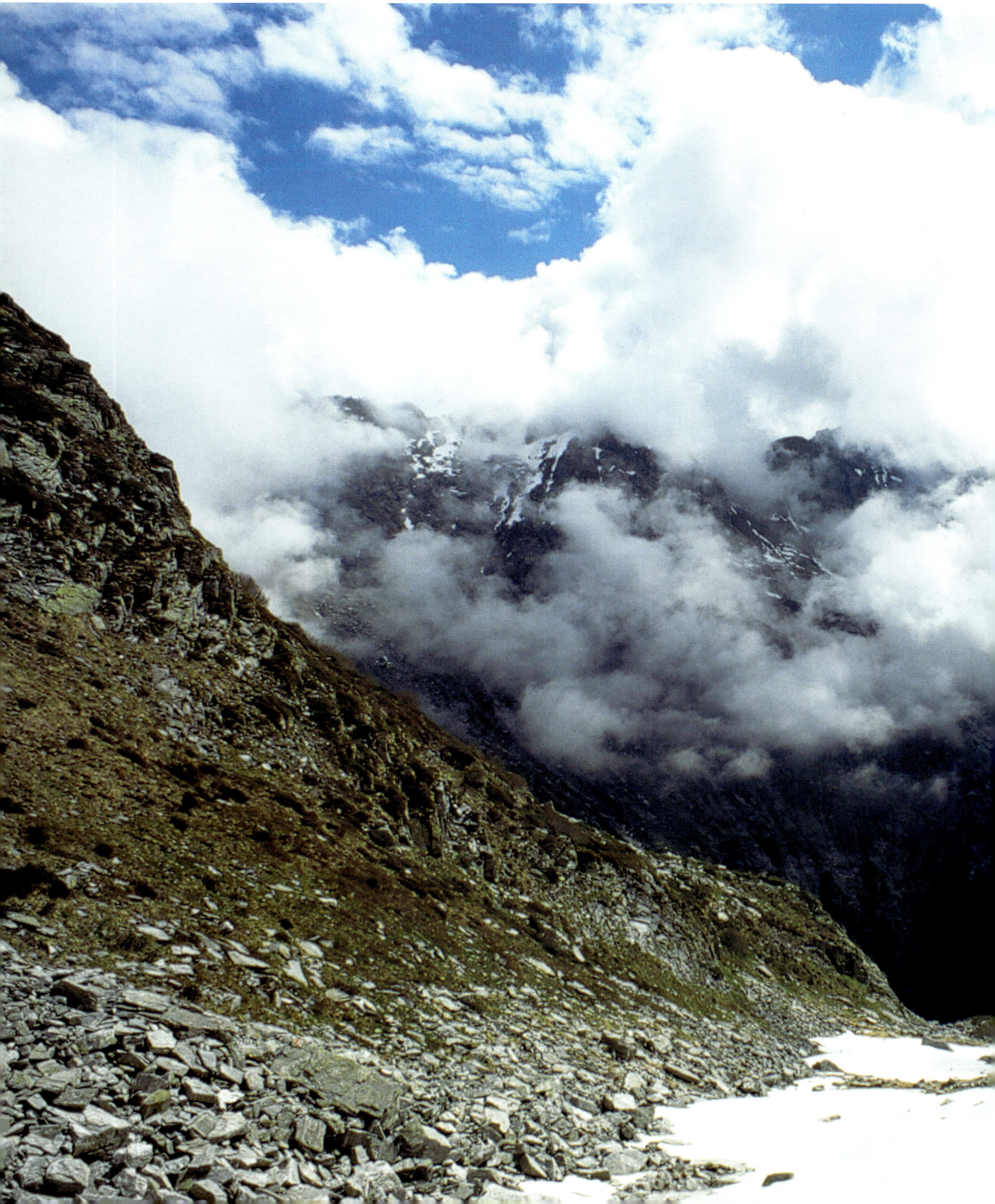

Vorhergehende Seite links:
Ins Val Cocco gelangt
man über die Schluchten
des Serenello.

Vorhergehende Seite rechts:
Junge Tannenmeise im Wald.

Links:
Blick vom Passo del Cocco
auf die imposante Pyramide
des Rasiva im Wolkenmeer.

Linke Seite:
Mauer am Alpe Cocco mit
dem Pizzo di Cocco
und der Cima di Broglio.

Rechte Seite:
Nur die Kreuze halten die
Erinnerung wach (Pianello).

…der sich unter Brontallo über die Lavizzara spannt. Die schöne Brücke, die einst wohl drei Bogen aufwies, einen grossen und zwei kleinere, wird bereits in einem Dokument von 1526 erwähnt. Damals war sie anscheinend vom Fluss beschädigt worden und musste repariert werden. Ein wenig weiter oben ermöglicht eine andere alte Brücke die Überwindung der steilen, engen und verschlungenen Schlünde des Ri di Sernel (Serenello). Wie viele Herden und Saumtiere haben wohl auf diesem Wege die brausenden Wasserfälle und die tiefen Wasser überschritten?

«Lasst uns die einzigartige Schönheit jenes schroffen Steilhangs bestaunen, den jemand ironischerweise Pianello (Ebene) getauft hat; und dann die Anmut eines wilden Tessiner Tals, wo der Weg nunmehr Erinnerung ist». (Giuseppe Brenna in Guida delle Alpi Ticinesi Ovest) Pianello (748 m) hat sich ein paar schöne Hütten erhalten. Ein eisernes Kreuz auf einer Gneisplatte erinnert an zwei Frauen, die 1929 auf diesen steilen, gefährlichen Hängen zu Tode gestürzt sind. Wie so viele Frauen in jenen Tagen waren sie dabei, die wenigen Grasbüschel abzusicheln, die damals den Unterschied zwischen Hunger und Überleben bedeuteten.

RICORDO DI EUGENIA
E SUA FIGLIA ELVESIA
DEMARTINI DANNI 54
ANNI 21 CUI CADUTE
30
SETT
1929
REGIE

Der Weg, der im Sommer sehr schwer auszumachen ist, steigt dann talaufwärts, vorbei an steinigen kleinen Tälern, wo die Gewalt des Wassers bei jedem Regen Spuren hinterlässt, unter einem Dach hindurch, das den Wanderer bei Platzregen vor gefährlichen Sturzbächen schützt, und weiter durch steile dunkle Wälder... Die Tannen und die Lärchen sind fast immer bolzengerade, wie stramme Soldaten, während die Buchen an die Figuren Michelangelos erinnern, sich winden und ineinander verschlingen wie verdammte Seelen.

Am Corte di Valle (1227 m) stehen nur noch die Überreste der Hütten, und die immer hemmungslosere Vegetation erobert übermütig das verlorene Terrain zurück. Eine alte, hohe und einsame Tanne beobachtet seit Jahrhunderten regungslos, was im Tal vor sich geht. Mit ihrem dunkelgrünen, fast schwarzen Nadelkleid gleicht sie einem Kapitän, der auch im heftigsten Gewitter nicht im Traum daran denkt, sein Schiff zu verlassen. Vorläufig weist sie noch den Weg zum Passo del Cocco und zum Verzascatal. Im feuchten Laubwald, wo Buchen, Erlen und Tannen nebeneinander stehen, lebt eine graue Wegschnecke (Arion subfuscus), die sich mit Vorliebe von Pilzen ernährt und auch die giftigen Arten nicht verschmäht.

Als einfach erweist sich auch der Aufstieg zur grossen Alpweide des Corte di Cocco (1525 m), es genügt, dem grosszügigerweise von der Natur freigelassenen Weg und der rot-weissen Markierung zu folgen... Eine Alp, die sich einst wohl von den anderen unterschied. Von weitem fallen einem sofort zwei neu instand gesetzte Hütten und eine grosse alte, rundliche Mauer auf, ein Schutz aus vergangenen Tagen, der die Alp vor dem harschen Winterwetter bewahrte. Sie wirkt wie ein Schild vor den Gipfeln, die das Tal abriegeln.

Auf der grossen Wiese der Alp flattert ein bunt-strahlender Schmetterling aus der Familie der Widderchen oder Blutströpfchen (Zygaenidae) von Blume zu Blume. Doch ein paar insektenfressende Vögel, für die Raupen und Schmetterlingen wahre Leckerbissen sind, würdigen ihn nicht einmal eines Blickes. Schliesslich lässt er sich auf einer Männertreu nieder, direkt neben dem Nest eines Wasserpiepers, der gerade seine Jungen füttert. Das Geheimnis ist rasch gelüftet: Alle Vögel haben schon von klein auf gelernt, einen grossen Bogen um diesen Schmetterling zu machen. Fangen und verschlucken sie nämlich aus Versehen ein Widderchen, in diesem Fall ein Gewöhnliches Blutströpfchen (Zygaena filipendulae), müssen sie es sofort ausspucken oder aufstossen, denn der Schmetterling scheidet eine gelbliche, giftige, stinkende Flüssigkeit aus. Und die Erinnerung an die unangenehme Erfahrung sowie die bunte Warntracht des Insekts hält die Vögel im Verlauf ihres Lebens von weiteren Versuchen ab. Die grellen Farben der Widderchen, die von metallenen Blauschimmern bis hin zu leuchtendem Rot reichen, lassen alle Räuber vor diesem ekelerregenden und schädlichen Happen zurückschrecken.

An sandigen und trockenen Stellen neben dem Bach, der vom Pizzo del Cocco und von der Cima di Broglio heruntersprudelt, wächst der elegante Ährige Ehrenpreis (Veronica spicata), der ursprünglich aus den östlichen Steppen stammt und warme Sommer und kalte Winter liebt.

Bis vor wenigen Jahren konnte man vom Corte Cocco zum Passo del Cocco (2142 m) hinauf- und ins Val d'Osura oder ins Val Redorta (Verzasca) hinabsteigen. Heute sind die rot-weissen Markierungen fast verschwunden, und der Weg ist nicht sehr leicht zu finden. Der aufdringliche Sonnentau hat sich auf einer Strecke von 200 m Höhenunterschied zu einer Pflanze mit tausend Armen gewandelt, jede Spur menschlicher Anwesenheit verwischend!

Erst wenn man die Welt des Granits mit den Steinmännchen und den auffälligen farbigen Markierungen, die uns willkommen heissen, erreicht hat, tut sich vor unseren Augen das Valle di Cocco in seiner ganzen wilden Pracht auf.

Oben:
Gemeines Blutströpfchen
und Männertreu.

Unten:
Die Wegschnecke sucht ihre
Nahrung im Wald.

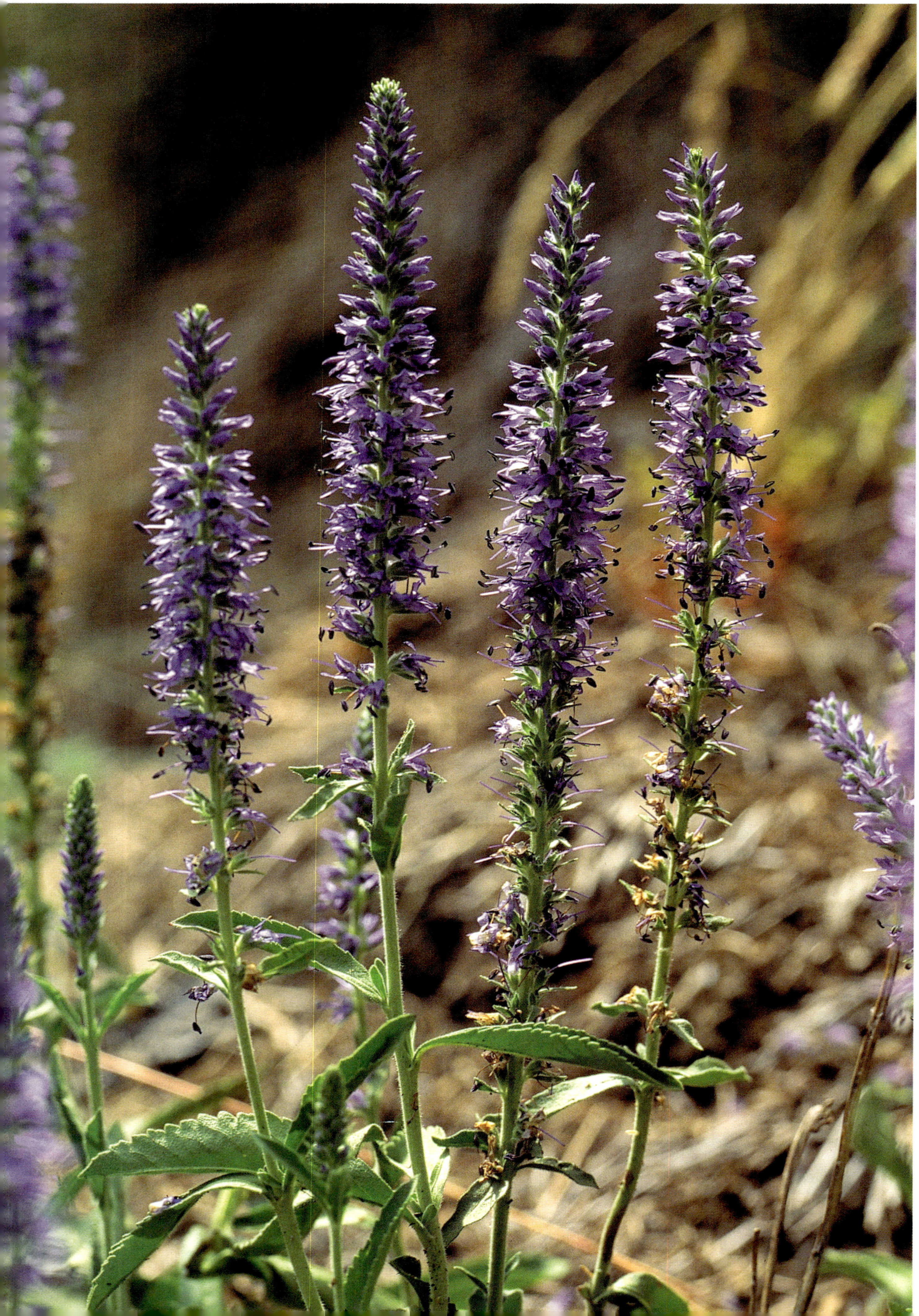

Valle Cocco

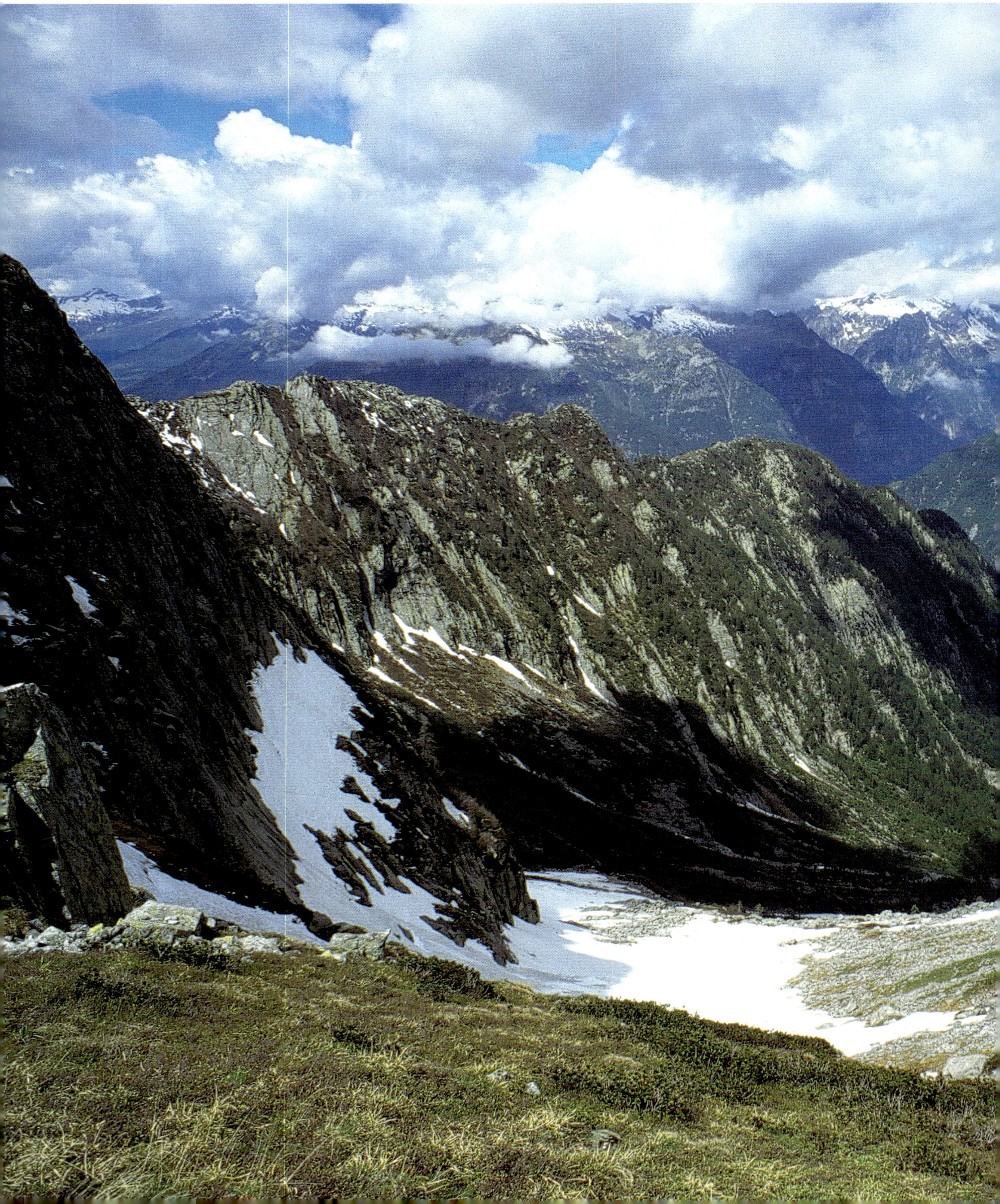

Vorhergehende Seite links:
An trockenen, sandigen Stellen
gedeiht der Ährige Ehrenpreis.

Vorhergehende Seite rechts:
Bisweilen sind die Buchen
wie Schlangen
ineinander verschlungen.

Links:
Blick vom Pass ins Val d'Osura
auf das Val Cocco.

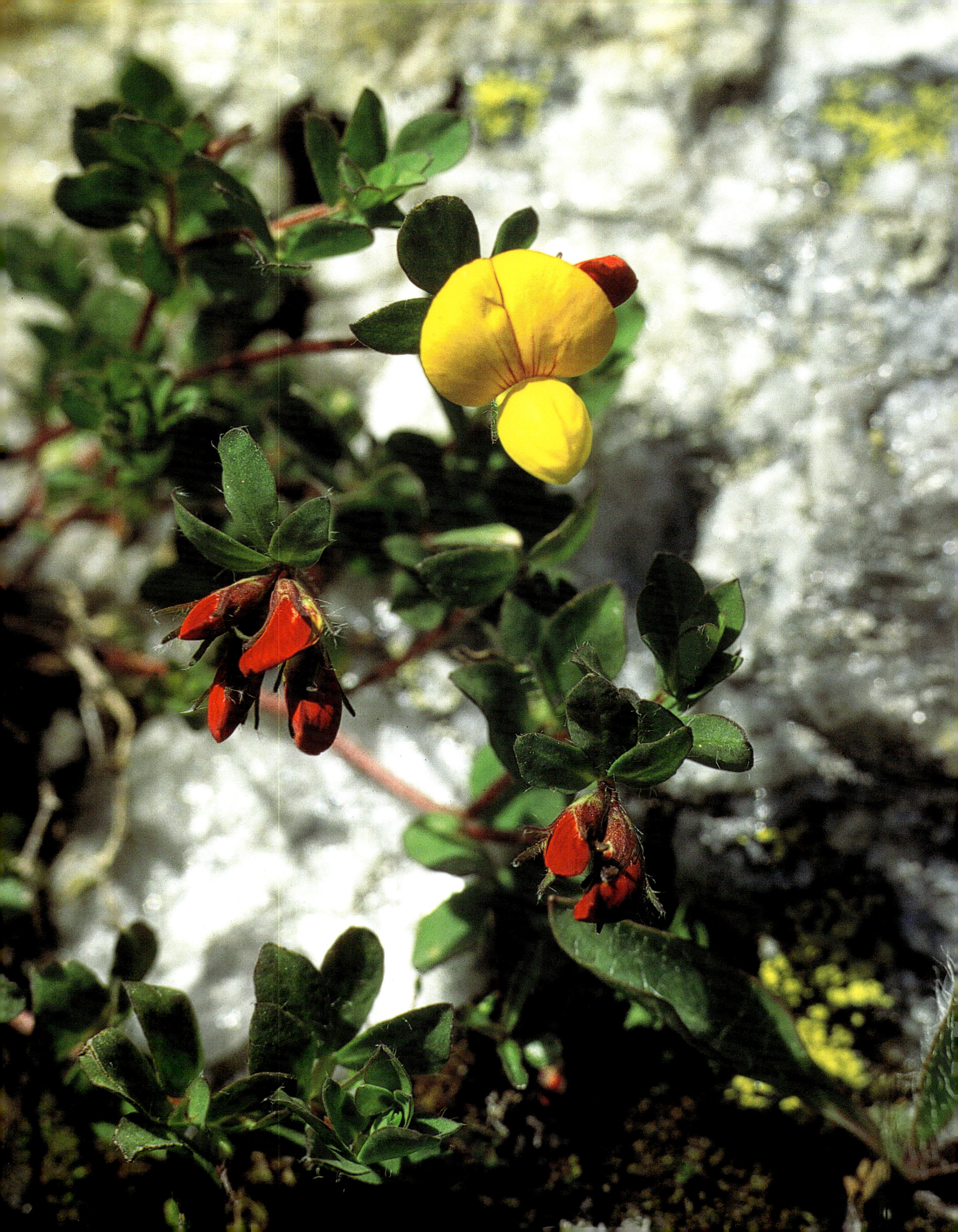

Val Piana — Wo der kleinste Baum der Welt wächst

valli dimenticate

Im Morgengrauen eines Augusttages
wandere ich gemächlich auf dem steilen Weg,
der im Wald von Ronco (Bedretto-Ta)…

Vorhergehende Seite links:
Gelb und rot sind die Blüten des Alpen-Hornklees.

Unten:
Die Weide Assassinavacche ist ganz mit Felsbrocken übersät.

Vorhergehende Seite rechts:
Der Dunkle Mauerpfeffer ist fast braun.

Rechte Seite:
Panoramablick vom Poncione di Val Piana über das Tal.

...zur Val Piana hinaufsteigt; meine einzigen Begleiter sind das Geräusch meiner Schritte und das Gezwitscher der Vögel. Ich bin ganz in meinen Gedanken versunken. Da plötzlich – ein lauter Schrei! Ein zierlicher Rehbock (Capreolus capreolus) steht nur wenige Schritte von mir entfernt. Das ist die Gelegenheit, ein paar Fotos zu schiessen. Doch ich komme nicht einmal dazu, den Fotoapparat auszupacken, da springt mich der Rehbock auch schon mit einem behenden Satz an und versetzt mir einen heftigen Stoss. Einen Augenblick lang bleibe ich wie angewurzelt stehen, doch dann gebe ich Fersengeld und suche hinter einer grossen Lärche Schutz.

Aber der Rehbock, der sich auf seinem Terrain zweifellos viel wendiger bewegt als ich, will mich beissen. Mit sanften Worten versuche ich ihn zu beschwichtigen, doch das Tier lässt nicht von mir ab und tänzelt schnaubend um mich herum! Zu meinem Glück taucht ein anderer Rehbock auf der Bildfläche auf und zieht die Aufmerksamkeit meines Angreifers auf sich; so bleibe ich mit der Frage zurück, was sonst wohl geschehen wäre...

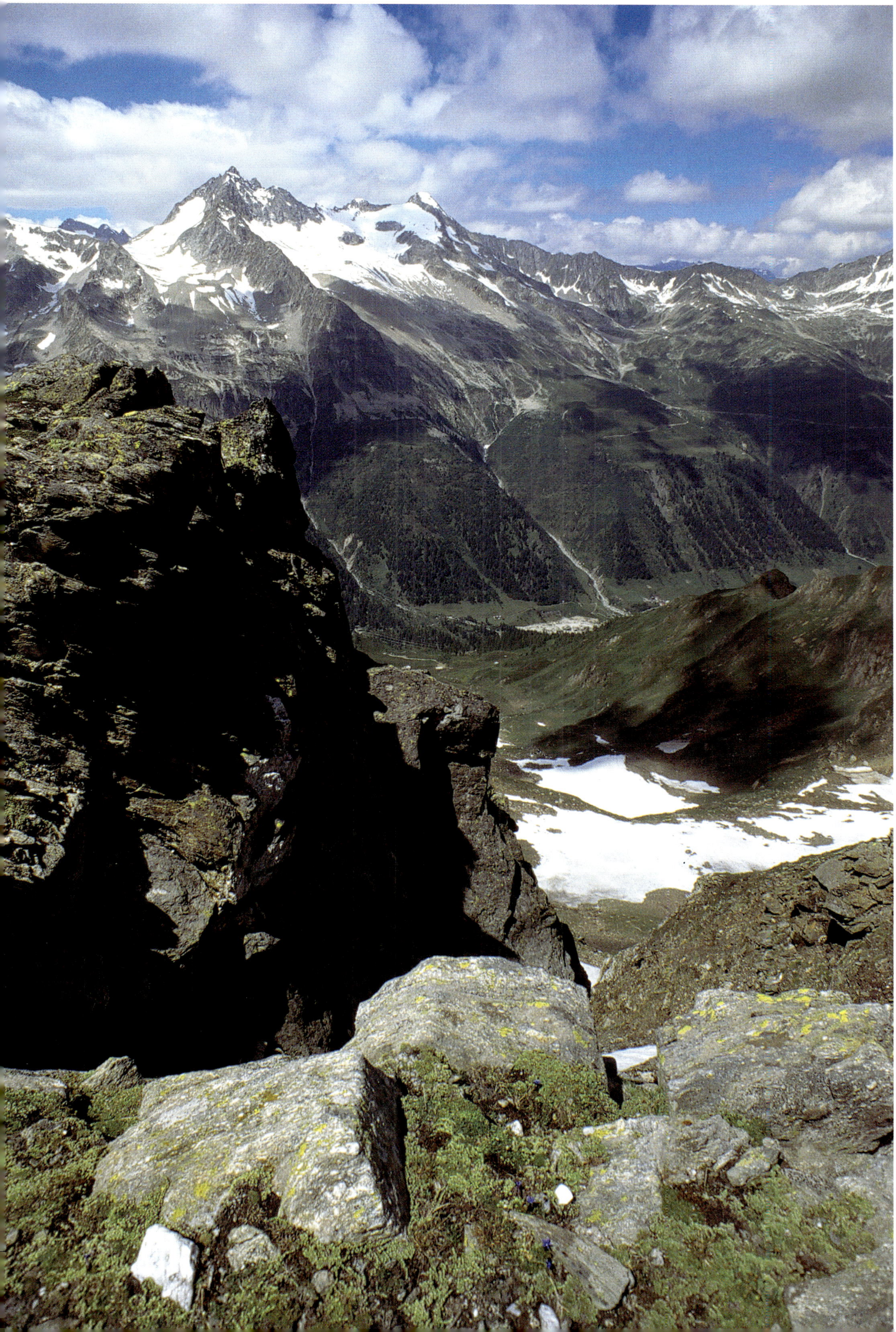

Während ich da sitze und mich von der seltsamen Attacke erhole, bemerke ich in den Ästen einer Lärche einen Tannenhäher (Nucifraga caryocataces), der mich gelassen beobachtet. Es kommt mir vor, als habe sich der Vogel köstlich amüsiert.

Als ich mein Abenteuer Jahre später einem Zoologen anvertraue, werde ich darüber aufgeklärt, dass sich der zurückhaltende Rehbock zur Brunftzeit in einen rasenden Raufbolden verwandeln kann. In der Regel ist das Reh ein scheues Tier, das tagsüber im Unterholz verborgen bleibt und in der Morgen- und Abenddämmerung auf Nahrungssuche geht. Und es ist ein wahrer Feinschmecker! Es ernährt sich von Blattknospen, frischen jungen Blättern, neuen Trieben, Kräutern, Flechten, Beeren und Pilzen!

An dem Tag war mein Ziel das kleine Val Piana und ein eigentümlicher Ort mit einem vielsagenden Namen: Assassinavacche. Auf der welligen Alpweide angelangt, wird mir die Bedeutung der unheimlichen Bezeichnung auf der Stelle deutlich. Ein weites Gelände ist mit Steinbrocken und Felsen verschiedenster Form übersät, als hätte sie jemand in unregelmässigen Abständen hingeschleudert. Die Weide ist reich an würzigen Kräutern wie die Schafgarbe, die eine aromatische, fette Milch ergibt. Diese gefährliche Weide – die Dialektbezeichnung sasinavak (Viehmörder) ist unmissverständlich! – verbindet das Val Piana mit den üppigen Wiesen des Val Cavagnolo, das aber zur Alpe di Formazzora gehört. Ottavio Lurati erzählt in Terminologia e usi patrizi di Val Bedretto, 1407 habe sich die Alpe di Valleggia, zu der auch das kleine Val Piana gehört, im Besitz der Gemeinde Chiggiogna in der Leventina befunden, während Faido die Alpe di Formazzora besass. Und die Verstimmung gegen die benachbarten Bewohner von Formazzora lieferte den Eidgenossen im Jahre 1410 den Vorwand für die Besetzung von Domodossola.

Nun ist Assassinavacche zum Reich der Murmeltiere, der Schneehasen (Lepus timidus) und des Adlers geworden. Es ist fast unmöglich, nicht auf die überaus zahlreichen Weiden (Salix herbacea und retusa) zu treten. Die Krautweide mit ihrer Maximalhöhe von zwei Zentimetern ist das kleinste Holzgewächs der Welt. Selbst der kunstfertigste und geduldigste japanische Bonsai-Züchter wird dieses Wunder der Schöpfung niemals nachahmen können! Im Wald finden sich kleine Anhöhen mit üppigem Blumenwuchs.

Oben:
Alpen-Leinkraut mit
oranger Wölbung
in der Blütenmitte.

Unten:
Kurzblättriger Enzian
mit Alpen-
Vergissmeinnicht.

Eine wahre Augenweide! Ich habe nirgends im Tessin jemals auf so kleinem Raum so viele Blumenarten gefunden. Da wachsen Soldanelle, Alpen-Leinkraut (Linaria alpina), Kriechende Nelkenwurz (Geum reptans), Alpen-Hornklee (Lotus alpinus), Arnika (Arnica montana), Gemswurz-Kreuzkraut (Senecio doronicum), Mondraute (Botrychium lunaria), Tannen-Bärlapp (Lycopodium selago), Isländisch Moos (Cetraria islandica), Alpenazalee (Loiseleuria procumbens), Alpen-Mannsschild (Androsace alpina), Alpen-Vergissmeinnicht (Myosotis alpestris), Kurzblättriger Enzian (Gentiana brachyphylla), Immergrüner Steinbrech (Saxifraga paniculata), der seltene Dunkle Mauerpfeffer (Sedum atratum) – und ich könnte noch hundert weitere Namen aufzählen. Das reinste Paradies für Botaniker.

Linke Seite:
Reh, ein scheuer Einzelgänger.

Rechte Seite:
Tannenhäher, ein neugieriger
und stets aufmerksamer Vogel.

Das Tal ist klein und innert kurzem erreicht man Loita delle Basse, eine Alpweide auf einem stellenweise sehr abschüssigen Hang. Der Poncione della Val Piana (2659 m) schliesst das Tal mit einem prächtigen Felsvorhang ab. Umgeht man den Berg auf der rechten Seite, gelangt man im Süden zu einem Pass; von hier aus kann man den Gipfel des Poncione besteigen oder die Überbleibsel des Valleggia-Gletschers bewundern.

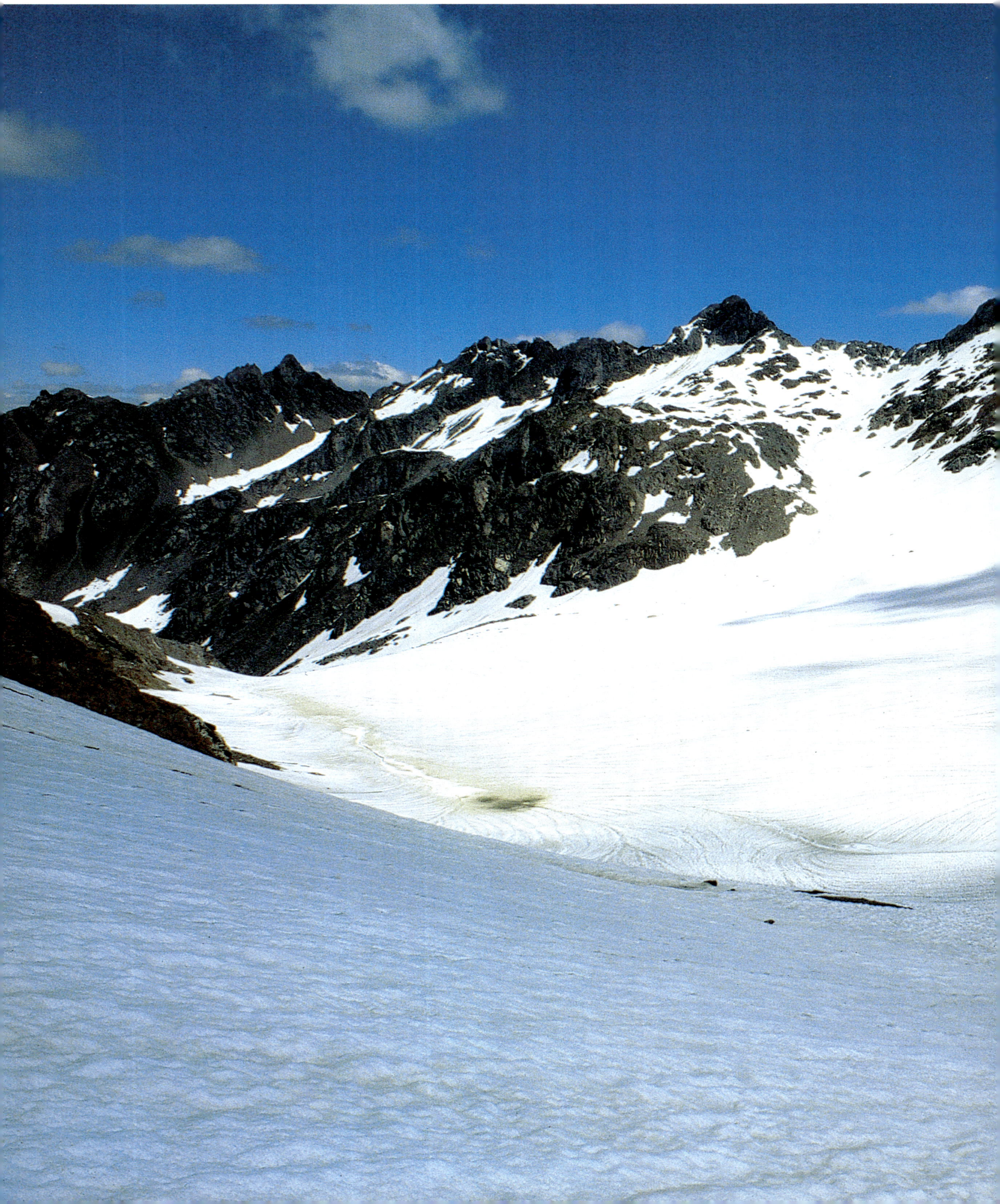

Blick vom Poncione
di Val Piana auf den Valleggia-
Gletscher.